教育部中等职业教育专业技能课立项教材

旅游服务与酒店管理类

客房服务与管理

主　编◎詹　娜
副主编◎单瑞文
参　编◎佘晶晶　陈铸东
叶彩莲　谭晓欣

KEFANG FUWU
YU GUANLI

中国人民大学出版社
·北京·

图书在版编目（CIP）数据

客房服务与管理/詹娜主编．--北京：中国人民大学出版社，2020.4
教育部中等职业教育专业技能课立项教材
ISBN 978-7-300-27877-3

Ⅰ.①客… Ⅱ.①詹… Ⅲ.①客房－商业服务－中等专业学校－教材 ②客房－商业管理－中等专业学校－教材 Ⅳ.①F719.2

中国版本图书馆 CIP 数据核字（2020）第 012435 号

教育部中等职业教育专业技能课立项教材
客房服务与管理
主　编　詹　娜
副主编　单瑞文
参　编　佘晶晶　陈铸东　叶彩莲　谭晓欣
Kefang Fuwu yu Guanli

出版发行	中国人民大学出版社		
社　　址	北京中关村大街 31 号	邮政编码	100080
电　　话	010－62511242（总编室）		010－62511770（质管部）
	010－82501766（邮购部）		010－62514148（门市部）
	010－62515195（发行公司）		010－62515275（盗版举报）
网　　址	http://www.crup.com.cn		
经　　销	新华书店		
印　　刷	北京密兴印刷有限公司		
开　　本	787 mm×1092 mm　1/16	版　　次	2020 年 4 月第 1 版
印　　张	13.25	印　　次	2024 年 2 月第 2 次印刷
字　　数	303 000	定　　价	35.00 元

前 言

客房服务与管理是酒店类服务性行业从业人员必须掌握的一项技能。本教材深入贯彻党的二十大精神，全面融入社会主义核心价值观，紧跟行业与专业最新发展态势。教材适用于中等职业技术学校高星级饭店运营与管理、旅游服务与管理等相关专业。

本书以“星级酒店服务员”小陈在一家星级酒店的工作过程为编写导引，引导学生代入酒店员工角色，以了解、体验或完成客房部主要工作岗位的不同工作内容，掌握客房服务与管理的相关知识。

全书以项目化教学理念为依据，基于客房部的工作过程，提取主要工作岗位群，通过分析典型工作任务，把客房服务与管理工作共分成五个项目：项目一酒店客房部概览；项目二楼层服务与管理；项目三客房服务中心运营；项目四PA服务与管理；项目五洗衣房运营。

全书结构紧密，以大量的实际操作过程为内容，突出知识与技能的实用性；真实反映客房部组织架构和相应工作职责，是客房部工作岗位与工作职能的简略缩影；立足不同工作岗位插入拓展知识，拓宽学生的知识视野，补充课外学习内容。学生既可通篇学习，也可以有选择性地按照需要挑选项目模块进行学习。

本教材从感知、认知到实践三个层次递进编写，并力求做到形式新颖，使学生易于接受，乐于学习。

具体栏目设计如下：

项目背景和项目概览：每个项目的背景介绍与任务概览图，体现任务引领的教学原则，让每位学生自然过渡到学习状态。

学习目标：明确典型任务的学习目标，让学生带着问题进入学习。

预备知识：典型任务学习前的导入知识，实现学生对任务内容的初步感知。

情境导入：根据活动内容构建情境，引导学生代入角色，进行场景化学习。

想一想：问题探讨环节，实现从认知到探究的深化。

练一练：实践训练或实操考核和案例分析环节，实现从认知到实践的运用。

知识延伸：插入拓展知识，拓宽学生视野，补充课外知识。

课后练习：供学生在典型任务结束后进行知识掌握情况检验与补漏，提升学习效果，也可满足考试需要。

按本书进行教学共需36学时，具体安排见下表（可参考）：

项目	典型任务	活动	学习建议	学时	学习形式	
					讲授	实践
项目一 酒店客房部概览	典型任务一 认识客房部	活动1 认识客房部组织机构	必学	2	√	
		活动2 认识客房部与其他部门的协作运营	必学		√	
	典型任务二 认识客房的房型	活动1 认识客房的基础房型	必学	2	√	
		活动2 认识客房的特色房型	必学		√	
	典型任务三 认识客房的空间布局和用品、设备	活动1 认识客房的空间布局	必学	2	√	
		活动2 认识客房用品、设备的种类	必学		√	
	典型任务四 认识客房服务员的必备素质	活动1 认识客房服务员的素质要求	必学	1	√	
		活动2 认识客房服务员的仪容与礼貌	必学		√	
项目二 楼层服务与管理	典型任务一 进行客房清洁	活动1 认识客房楼层	必学	2	√	
		活动2 房间清洁	必学		√	√
		活动3 计划卫生	必学		√	√
	典型任务二 提供对客服务	活动1 加床服务	必学	4	√	√
		活动2 客房小酒吧服务	必学		√	√
		活动3 擦鞋服务	必学		√	√
		活动4 开夜床服务	必学		√	√
		活动5 送洗服务	必学		√	√
		活动6 托婴服务	必学		√	√
项目三 客房服务中心运营	典型任务一 接听电话服务	活动1 认识客房服务中心	必学	4	√	
		活动2 一般来电处理	必学		√	√
		活动3 客人投诉处理	必学		√	√
		活动4 客房报修处理	必学		√	√
	典型任务二 提供对客服务	活动1 物品借用服务	必学	3	√	√
		活动2 客房送餐服务	必学		√	√
		活动3 失物招领服务	必学		√	√
	典型任务三 管理工作钥匙	活动1 工作钥匙的保管和签领	必学	2	√	
		活动2 失盗的处理	必学		√	√
	典型任务四 管理和控制客房用品	活动1 客房用品的管理	必学	2	√	
		活动2 客房用品的控制	必学		√	√
项目四 PA服务与管理	典型任务一 认识PA部	活动1 认识PA部的工作内容及职责	必学	2	√	
		活动2 认识清洁剂、清洁器具与清洁设备	必学		√	
	典型任务二 清洁和保养公共区域	活动1 室内公共区域的清洁保养	必学	2	√	√
		活动2 室外公共区域的清洁保养	必学		√	√
	典型任务三 提供衣帽间寄存服务	活动 衣帽间寄存服务	必学	1	√	√

续表

项目	典型任务	活动	学习建议	学时	学习形式	
					讲授	实践
项目五 洗衣房运营	典型任务一 洗涤客衣	活动 1 认识洗衣房组织机构及布局	必学	3	√	
		活动 2 收送客衣	必学		√	√
		活动 3 洗涤客衣	必学		√	√
	典型任务二 洗涤和管理工衣	活动 1 收发和洗涤工衣	必学	2	√	√
		活动 2 学习酒店制服管理制度	必学		√	
	典型任务三 洗涤客用布草	活动 送洗客房、餐厅布草	必学	1	√	
	典型任务四 管理洗衣房	活动 1 学习洗衣房日常管理制度	必学	1	√	√
		活动 2 掌握客衣纠纷的预防和处理方法	必学			√
总计				36 学时		

本教材由詹娜担任主编，单瑞文担任副主编，佘晶晶、陈铸东、叶彩莲、谭晓欣参与编写，梁丽冰负责资源制作，许嘉悦负责图像拍摄、素材收集。特别感谢合作开发单位广州市香江健康峪、广州市三英温泉酒店提供的项目素材、图像等资源，让教材更贴近酒店实际工作。

由于编写时间仓促，加之作者水平有限，书中难免有疏漏和错误之处，恳请广大读者不吝指正。

编者

目 录

项目一　酒店客房部概览

项目背景

今天是新入职员工小陈来到酒店客房部进行岗前培训的第一天。客房部直接与宾客打交道，是酒店的主要创收部门之一。它的内部环境是怎样的？它是如何进行管理的？客房服务员该具备哪些职业素质？带着这些疑问，小陈斗志满满地上岗了。

项目概览

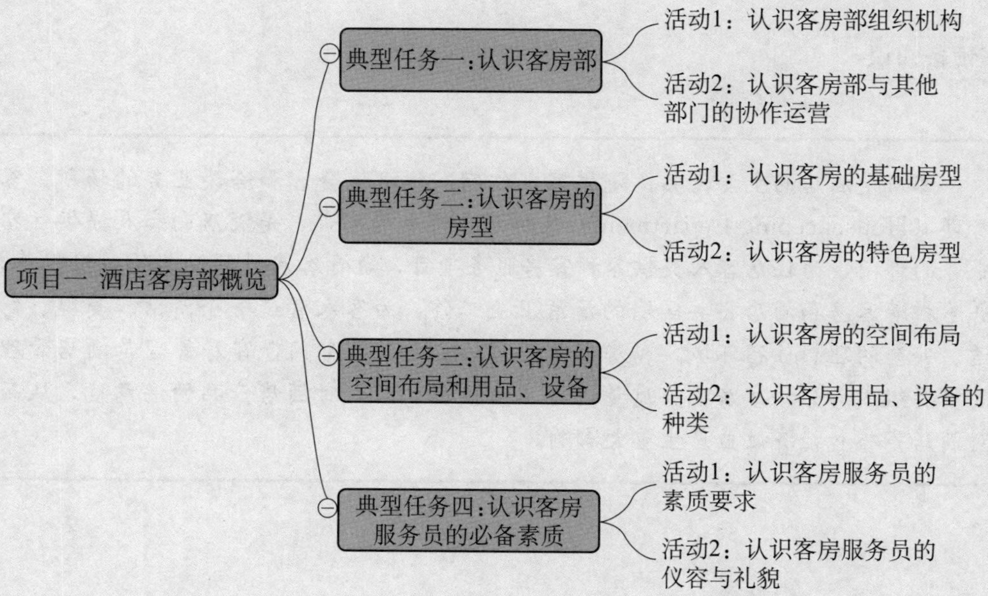

典型任务一　认识客房部

学习目标

1. 了解大中小型酒店客房部的组织机构。
2. 了解客房部与其他部门的协作关系。

预备知识

客房是酒店的主要产品，是供客人住宿、休息、会客和洽谈业务的场所。客房部（Housekeeping Department）又称房务部或管家部，是酒店向客人提供住宿服务的部门，为住店客人提供各种客房服务项目，负责客房设施设备的维修保养，并承担着客房和酒店公共区域的清洁卫生工作，为客人营造一个清洁、美观、舒适、安全的理想住宿环境。客房部是酒店的主要创收部门，客房管理是酒店管理的重要组成部分，客房服务质量的好坏直接影响客人对酒店产品的满意度，从而对酒店声誉和经济效益产生重大影响。

活动1　认识客房部组织机构

情境导入

如何在客房部进行个人职业规划

场景：培训办公室

角色：客房部杨主管、客房服务员小陈

情境：刚进入酒店客房部的小陈正在接受岗前培训，小陈学习非常认真，并主动向杨主管咨询了在客房部的职业发展规划。

小陈："杨主管，请教您一个问题，刚才跟着大家参观了一遍客房部各个主要工作岗位，我发现客房部承担着整个酒店所有客房运营项目，岗位也比较多，我们如何更好、更快速地掌握一个部门的运作机制以及规划自己的职业生涯呢？"

杨主管："你这个问题提得相当好，说明你是一个善于思考与观察的人，接下来我就会给大家介绍我们酒店客房部的组织机构以及业务分工，让大家更快更全面地了解客房部的运作，大家可以根据自己的特点思考如何定位自己的工作方向。"

小陈："太好了，谢谢杨主管，我会好好学习的。"

任务：请以小陈的身份认真学习客房部组织机构等知识。

一、客房部的组织机构图

科学合理地设置组织机构是客房部工作正常有序运转的重要保证。客房部的组织机构应是一个统一指挥、专职分工、层次分明、沟通顺畅的有机整体。酒店应遵循精简、高效、分工明确的原则，并结合本酒店实际情况，在考虑酒店的规模、等级、经营管理方式等的基础上来设置酒店的组织机构。各酒店之间存在一定的差别，并没有固定不变的模式，目前常见的大中型和小型酒店客房部的组织机构见图1-1、图1-2。

二、客房部的主要部门及职责

1. 经理办公室

客房部经理办公室主要负责处理客房部的日常事务、文件和档案管理，以及与其他部门的沟通协调等事宜。如果经理办公室与客房服务中心设在一起，经理办公室的一些日常事务就可以由客房服务中心的人员来承担，从而无须再设置专职内勤或秘书的岗位。

2. 客房服务中心

中外合资酒店及由外方管理的酒店通常都设有客房服务中心。客房服务中心既是

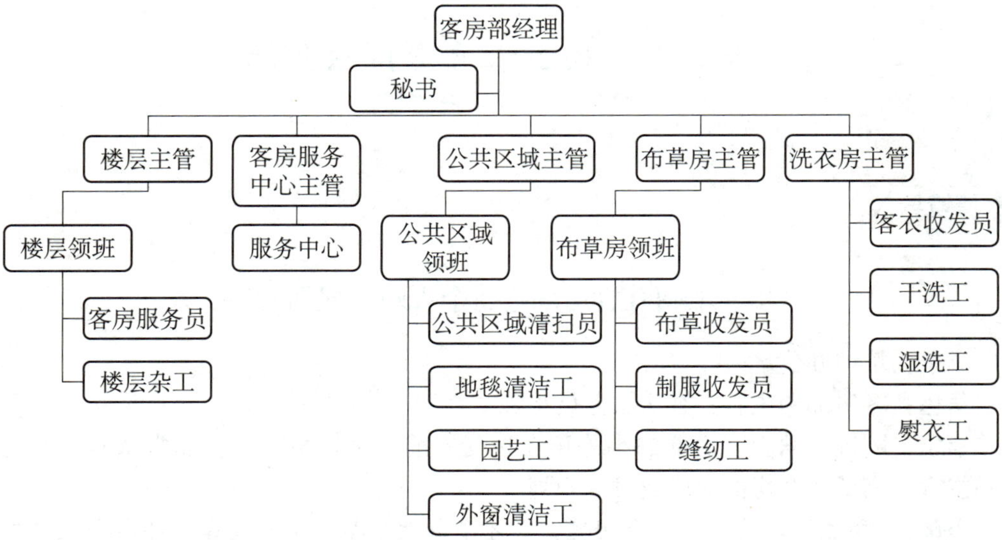

图 1－1　大中型酒店客房部的组织机构图

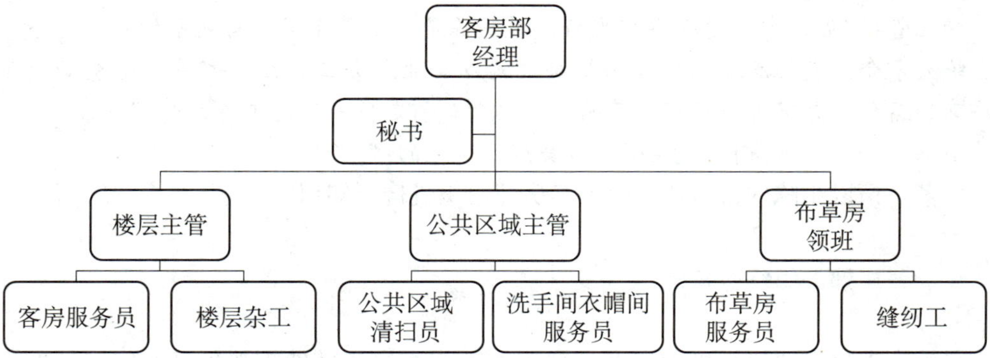

图 1－2　小型酒店客房部的组织机构图

客房部的信息中心，又是对客服务中心，负责统一调控对客服务工作；掌握和控制客房状况；领取和分发客房用品；管理楼层钥匙；保管和处理客人的遗留物品；协助有关管理人员进行人力和物资调配；收集和处理客情信息；与其他部门进行联络、协调；等等。

3. 客房楼层

客房楼层是客房部的主体，由各种类型的客房组成，是客人休息的场所。其职能是负责客房及楼层走廊的清洁保养和对客服务工作；管理客房及客房楼层的设施、设备；负责客房内用品的替换、设备的简易维修和保养，并为住客和来访客人提供必要的服务。

我国的大部分酒店，特别是国有酒店，一般都设有楼层服务台，配备专职的台班服务员，为客人提供面对面的服务，同时能够加强对楼层的安全管理。不过，设有客房服务中心的酒店则可不设楼层服务台。

4. 公共区域

公共区域部门负责酒店各部门办公室、餐厅（不包括厨房）、公共洗手间、衣帽间、大堂、电梯厅、通道、楼梯、花园和门窗等公共区域的清洁卫生工作。

5. 布草房

布草房负责酒店所有工作人员的制服，以及餐厅和客房所有布草的收发、分类和保管。对有损坏的制服和布草及时进行修补，并储备足够的制服和布草以供周转使用。

6. 洗衣房

洗衣房负责洗涤员工制服和对客服务的所有布草、布件，并为住店客人提供洗衣服务。洗衣房的归属，在不同的酒店有不同的管理模式。大部分酒店洗衣房都归客房部管理，但有的大酒店，洗衣房会独立设置并对外服务以创收；小酒店则大多不设洗衣房，而是将洗涤业务外包给社会上的洗衣公司。

三、客房部的主要岗位及职责

1. 客房部经理

（1）接受酒店总经理的领导，全面负责客房部的管理工作，向总经理负责。

（2）根据酒店的经营目标，编制本部门的经营工作计划，并组织、督导下属员工完成。

（3）制定本部门的管理规章制度、工作操作流程、服务质量标准、安全保障措施，并组织和推动各项计划的实施，组织编制和审定客房部工作程序及工作考评。

（4）维护客房部正常工作秩序，控制卫生质量和服务质量，保障设备、设施完好无损，对客房部的清洁卫生、维修保养、设备折旧、成本控制（预算）、安全等负有管理之责。

（5）主持客房部日常业务和经理、领班例会，参加总经理主持的每周部门经理例会，认真贯彻执行总经理的指示，并负责本部门主管以上人员的聘用、培训及工作考评。

（6）巡查本部所辖区域并做好记录，发现问题及时解决，不断完善各项操作规程。

（7）制订和落实客房销售计划，制定客房价格政策，监督客房价格执行情况。

（8）制定客房部经营预算，控制各项支出，审查各项工作报表及重要档案资料的填报、分析与归档。

（9）参与重要接待任务，检查 VIP 房间的卫生、备品和设备情况。

（10）处理客人投诉及意外事件。

（11）定期约见与酒店有长住关系的重要客人，虚心听取客人意见，不断改进工作。

（12）组织例行安全、卫生、消防检查，做好防火防盗工作和安全工作。

（13）检查、考核主管的工作内容并进行评估；发现和培养优秀员工，选拔管理人才。

（14）学习先进经验，了解市场情况，提出改造客房设施、改善服务质量的合理化建议。

2. 早班主管

（1）对客房部经理负责，督导管辖区域该班次台班、卫生班、楼层杂役的工作。

（2）检查管区内所有客房的设备完好情况、卫生质量情况、备品补充情况，发现问题及时解决或向客房部经理报告。

（3）检查 VIP 房，保证卫生质量及安排人员参加接待工作，做好客人抵、离店时在楼层的迎送工作。

（4）处理客人投诉，协调长住客关系，并及时向大堂副理和部门经理报告。

（5）检查员工工作、纪律情况和卫生质量，对本管辖区卫生、服务质量和工作效率负责。

（6）根据部门计划安排，有针对性地对属下员工进行业务培训和思想教育，不断提高员工的素质、业务水准和操作技能。

（7）检查消防设备，消除事故隐患，确保楼层安全。

（8）负责实施计划卫生，努力提高卫生质量水平，对该管辖区域计划卫生的安排负完全责任。

（9）填写工作日志，参加部门例会，如实反映情况，提出合理化建议。

（10）了解掌握客情，核准房间状态。

（11）查看房间的维修保养事宜，严格控制坏房、维修房的数量。

（12）做好本管辖区域范围内的防火、防盗及安全工作。

（13）完成客房部经理交办的其他工作任务。

3. 中班主管

（1）对部门经理负责，对中班的卫生清洁、服务规程的完成和效率负管理之责。

（2）检查、评估中服务班和中台班的工作质量、工作效率和违纪情况，做好工作记录。

（3）及时查处卫生质量、设备故障、设施损毁、人员违纪等问题，维护楼层整洁、舒适、安全的良好状态。

（4）接受客人投诉，准确做好记录，妥善给予答复并及时向部门经理和大堂副理报告。

（5）检查 VIP 房的情况，协助重要团体的接待工作。

（6）参加部门例会，掌握客情与房态，发现问题及时同前厅部、大堂副理、保安部联系，特别是发现有非法留宿者或住客的异常表现要立即报告处理。

（7）参加部门例会，写好交接班工作记录。

（8）按部门要求和实际需要对下属员工进行培训，并对人员素质、业务水准和操作技能负责。

（9）与前厅部接待处紧密配合，核准有疑问的房态。

（10）检查 VIP 房，监督重要团体到达的接待工作。

（11）处理客人的投诉，注意与有关部门，特别是大堂副理沟通联系。

（12）负责对楼层报告的工作困难和突发事件的解决。

(13) 对日常工作中和其他部门发生的信息传递、情况反馈的处理与解决负责。

(14) 做好本区范围内的防火、防盗及安全工作。

(15) 完成部门经理交办的其他工作任务。

4. 夜班主管

(1) 代表部门经理主持夜班的一切客房事务。

(2) 检查夜班员工的仪容仪表，安排工作任务。

(3) 对 VIP 入住的重点楼层要加派人员值班，在 VIP 客人抵达或其行李到达时，要到楼层迎候和交接。

(4) 接受客人口头或电话投诉、委托办事，准确做好记录，妥善给予答复，及时安排服务员或通知有关部门给予办理。

(5) 安排夜班计划卫生，并督导员工完成。

(6) 与前台核对房态资料。

(7) 巡查所管辖楼层区域，全面检查设备设施、消防安全和员工工作情况。

(8) 发现非法留宿者或客人的异常举动，及时采取控制措施并报告保安部、大堂副理和值班经理。

(9) 检查中班交回的楼层“万能钥匙”，向夜班员工派发“万能钥匙”，并分配好第二天楼层各区域的卫生班人员数量，合理安排机动人员。

(10) 填写夜班交班记录，记录客人的电话，向服务员传达客人的要求。

(11) 完成夜班工作，核对酒水单，统计开房数，抄写维修报表，做酒水日报表。

(12) 向值班经理报告工作情况并参加部门早会。

5. 楼层领班

(1) 督导客房服务员及清洁杂工的工作，负责所辖员工的工作安排与调配。

(2) 巡视管辖区，检查清洁卫生及客房服务的质量。

(3) 检查房间的维修保养事宜，安排客房的大清洁计划。

(4) 检查各类物品的储存及消耗量。

(5) 留意客人动态，处理一般性的住客投诉。

(6) 掌握并报告所辖客房的状况。

(7) 熟练掌握操作程序与服务技能，能够亲自示范和培训服务员。

(8) 填写领班工作日志。

6. 客房服务中心领班

(1) 编制本部门员工排班表，记录考勤；检查下属员工的仪表、礼节礼貌、劳动态度及工作效率。

(2) 建立失物招领档案，保管客人的遗留物品，监督遗留物品处理程序的实施。

(3) 统计、核实客房酒吧酒水的消耗量，并报有关部门。

(4) 填写服务中心物品需求领货单，并到库房领取；对服务中心的物品、设备进行编号建档，定期核对；检查为客人提供特殊服务所用物品的数量和完好率。

(5) 随时掌握客房状态的变化，向前厅部、财务部提供准确的房态资料。

(6) 培训员工，定期进行业务考核，督导员工为住店客人提供各项服务。

(7) 联系工程部，解决客房维修事项，建立工程维修档案；向客房楼层主管和工程部提供每日维修房的房号。

(8) 向楼层主管报告贵宾房号、到店时间及要求。

(9) 严格执行客房“万能钥匙”的管理制度，监督“万能钥匙”收发工作。

(10) 定期召开班组会，传达店内、部门内的指示和文件。

(11) 准确无误地接听电话，并详细记录客人交办事务，立即通知有关部门办理，内部事务按程序办理。

(12) 填写工作日志，记录特殊事项和交接工作，办理物品外借手续。

想一想　饭店组织机构设置的原则有哪些?

点评: 饭店组织机构设置的原则主要有以下几点。

(1) 饭店形式适合经营的原则：管理结构精简、组织结构合理。(2) 权责相当原则。(3) 命令统一原则：各指令保持一致，逐级指挥；员工听命直接上级，防止多头指挥。(4) 管理幅度适度原则：管理幅度是指一个管理者能直接有效地指挥控制的下属人数，一般为3～12人。(5) 劳动节约原则：劳动占用的合理性；劳动的合理组织；劳动组织的效率；劳动组织对服务质量的影响。

知识延伸

客房部的工作特点：

(1) 客房服务的时段性强；

(2) 客房服务的灵活性和多样性；

(3) 客房服务的隐秘性和安全性；

(4) 接触面广，情况复杂（针对性服务）；

(5) 业务面广，协作性强（信息畅通、相互协作）。

活动2　认识客房部与其他部门的协作运营

情境导入

楼上传来的噪声

场景：客房服务中心

角色：客房服务员小陈、710房李先生、客房部杨主管情境：由于临时有员工因病请假，酒店又正值旺季，于是，小陈就被暂时安排在客房服务中心代班。今天小陈上的是早班，刚上班不久，电话就响起来了。

710 房李先生：“你们搞什么鬼啊，一大早七点多就吵死人，你们有病啊……”

客人一大早被吵醒，态度极端恶劣。

小陈：“先生，真是不好意思，我得先查明原因，稍后给您一个答复好吗?”

话音还没落，客人就把电话挂了。

小陈马上打电话到楼层了解情况，楼层服务员告诉她是工程部的人在维修 810 房间的卫生间，所以比较吵。但楼层服务员表示这是工程部的事，跟她无关，她管不了。这时，电话再一次响起，小陈还没来得及问好，就又被李先生臭骂了一顿。楼层领班及主管还没上班，前台经理休息，领班又开会去了。就在这时，杨主管来到了客房服务中心，小陈马上将此事进行汇报。

杨主管：“好的，我马上去协调。”

小陈：“对不起，都是我的错，客人已经投诉了很多次，可是我没有及时解决。”

杨主管：“美国酒店管理专家认为，酒店管理理论是机器理论，即酒店好似一台机器，只有各零部件都处于良好状态，才能正常运转。任何一个零部件的不佳都会使机器不能正常运行，这一切都说明酒店业务需要所有员工的精诚合作才能实现其预定目标。酒店各部门的服务员都应该设身处地地为其他部门或服务员着想，做好配合工作，并且能在出现问题时及时弥补其他部门工作的不足，体现出良好的服务意识和团队精神。酒店各级领导应责无旁贷地做好下一级个人或部门之间的协调工作，并利用协调会使部门间的配合工作取得预期的效果，会前应该与各方有关人员交流意见，切实提高酒店各部门的服务质量。”

710 房的李先生因为此事未能及时解决已经向总经办投诉。为了向客人表达歉意，杨主管带上水果篮向李先生再次道歉，并给予房费低折扣承诺，这件事才最后平息下来。

任务：请以小陈的身份，学习客房部与其他部门是如何进行协作的。

一、客房部与前厅部的协作

酒店的客房部和前厅部是业务联系最多、关系最为密切的两个部门。从经营角度讲，客房部是客房产品的生产部门，前厅部则是客房产品的销售部门。两个部门之间能否密切配合，直接影响着酒店客房商品的生产与销售。在许多酒店中，已不再分设客房部和前厅部，而是设置由这两个部门组成的房务部，其目的是便于统一管理、便于协作。客房部与前厅部之间的业务关系，主要包括以下内容：

（1）客房部为前厅部及时提供优质的客房商品，满足前厅部销售客房商品的需要。客房部在安排客房的清扫整理时，应尽量照顾前厅客房销售和为入住客人安排客房的需要。在住客率较高时，要优先清扫整理走客房、预订房和控制房，从而加速客房的周转，避免让准备入住的客人等候太久，这样既能提高客房的出租率，又能提高客人的满意度。

（2）相互通报和核对客房状况，保证客房状况的一致性和准确性。对于前厅部来说，要销售客房，并能快速、合理地为入住客人安排客房，就必须准确地了解和显示每一间客房当时的实际状况，否则就会出现差错。对于客房部来说，要合理安排客房清扫整理工作，保证对客服务的质量，也必须准确地了解每间客房的状况。为此，前厅部和客房部必须适时地通报和核对客房状况。

（3）相互通报客情信息。由于前厅部在客房销售和接待服务过程中，所了解和掌握的有关客房及客人的信息比较及时、全面，这些信息不仅有利于前厅部本身的工作，也有利于其他部门的工作，因此，前厅部应将这些信息及时通报给各有关部门。前厅部通报给客房部的信息主要包括：当日客房出租率；次日及未来某一时期的客房预订情况；重大接待活动及重要接待任务；哪些客房进客、走客；哪些客人入住、退房；客人的个人资料及特殊要求；等等。客房部可根据这些信息合理安排和调配人力、物力等资源，设计和调整对客服务方案，以加强服务工作的计划性及服务的针对性，有效控制人力、物力消耗，保证服务质量。

由于客房部要为住店客人提供很多具体服务，有与客人直接接触的机会，对客人的具体情况及要求了解得比较全面、准确，因此，客房部不仅要在自己的工作中很好地利用这些信息，而且还应把这些信息及时地通报给前厅部。前厅部根据这些信息为住客提供有针对性的服务，并把这些信息记入客史档案。

（4）客房部为前厅部的对客服务工作提供方便和协助。客房部协助前厅部所做的工作包括：行李服务、留言服务、邮件服务、叫醒服务等。

（5）两部门与工程部等共同安排客房的大清洁和大维修工作。客房的重大清洁和维修保养工作，往往会影响客房的销售和安排，同时也会牵涉到前厅、客房、工程等各个部门。因此，这方面的工作最好由这些相关部门一道协商安排。

二、客房部与餐饮部的协作

客房部与餐饮部尽管在业务内容及业务范围上有很大差异，但两个部门之间也有很多业务联系。

（1）客房部为餐饮部的经营场所提供清洁保养服务。酒店的餐饮场所也有大量的清洁保养工作。为了保证餐饮服务人员集中精力做好餐饮服务与推销工作，避免清洁设备及用品的分散配置等，餐饮场所的清洁保养工作，一般由客房部统一负责，即由客房部负责餐饮场所，如餐厅、酒吧等处的日常清洁保养工作和专项清洁保养工作。

（2）客房部为餐饮部洗烫、修补布件及员工制服。餐饮部在运营中，需要大量的布件和员工制服。这些布件通常都由客房部的洗衣房、布草房负责洗烫、修补、保管与收发。

（3）两部门配合做好客房小酒吧的管理、贵宾房的布置、房内送餐服务和交叉培训等工作。

1）客房小酒吧的管理。目前，国内大多数酒店的客房小酒吧都由客房部负责管理，这是从方便工作角度考虑的。其实，小酒吧经营的内容应属餐饮部的业务范畴。如果纯粹从专业化的角度考虑，客房小酒吧也应由餐饮部管理。这种做法，在国外酒店就很普遍。不过，客房小酒吧，无论由哪个部门来经营管理，客房部与餐饮部两个部门都须相互配合，一般由客房部负责管理，而一些即将过期的饮料、食品，则须由餐饮部负责调换。这样，才不至于造成饮料、食品的浪费。如果由餐饮部管理客房小酒吧，那么客房部则要为有关人员检查补充小酒吧提供方便和帮助。

2）贵宾房的布置。按酒店的普遍做法，贵宾房大多配备水果，有的还会配备一些点心之类，而这些水果、点心等通常都由餐饮部负责提供，并按一定的标准在客房内布置摆放。因此，凡有这些要求的贵宾房，都须由餐饮部参与布置。

3）房内送餐服务。房内送餐服务由餐饮部负责，但客房部也要做些协助配合工作，如在客房内摆放订餐牌和菜单，收拾餐具、餐车等。

4）交叉培训。客房部和餐饮部之间，也有必要进行人员的交叉培训。通过交叉培训可以增进相互了解，丰富员工的业务知识，便于酒店开展全员推销，必要时为跨部门员工调配创造条件。

三、客房部与工程部的协作

客房部与工程部的关系非常密切，二者能否很好地协调与配合，对酒店的运营将产生很大的影响。

（1）相互配合，共同做好设施设备的维修保养工作。

1）客房部负责对其所辖区域的设施、设备进行检查，发现问题须及时按规定程序和方式向工程部报告。

2）工程部在接到客房部的报告后，须及时安排维修，并确保质量和效率。

3）当工程维修人员进场维修时，客房部的有关人员应尽力协助和配合，并对维修质量进行检查验收。

4）工程部须对全酒店的设施、设备，包括客房部所管辖的设施、设备进行常规的维修和保养，以保证其处于正常完好的状态。

5）共同制定有关维修保养的制度和程序，明确规定双方的责任、权利和奖惩措施。

（2）交叉培训。

1）工程部对客房部员工进行维修保养方面的专门培训，使他们能够正确使用有关设施、设备，并能对设施、设备进行检查和简单的保养与维修。

2）客房部对工程部有关员工进行客房部运行与管理业务的培训，使他们对客房部的基本业务有所了解，从而提高协作配合的自觉性和责任感。

四、客房部与采购部的协作

通常，酒店各部门所需的物资都由采购部统一采购，因此，客房部与采购部的关系主要集中在物资的采购与供应方面。

（1）客房部提出本部门的物资申购报告。客房部要了解本部门所需各项物资的现存量、预测未来一段时期的需求量，及掌握目前酒店仓库的盘存量，并根据这些情况提出未来某一时期的物资申购报告，然后将报告送财务等部门审核，再由酒店有关领导审批。

（2）采购部根据经审批的物资申购报告，办理落实具体的采购事宜。

（3）客房部参与对购进物资的检查验收，把好质量和价格关。

（4）相互通报市场及产品信息。

五、客房部与财务部的协作

（1）财务部指导和帮助客房部制定客房部预算，并监控客房部预算的执行情况。

（2）财务部指导、协助并监督客房部做好物资管理工作。

（3）客房部协助财务部做好客人账单的核对、客人结账服务和员工薪金的核对与支付等工作。

六、客房部与公关营销部的协作

现代酒店提倡全员公关和全员推销，要求各部门、全体员工都参与公关营销活动。因此，客房部也必然要与公关营销部发生很多业务联系。

（1）客房部配合公关营销部进行广告宣传。

（2）客房部参与市场调研及内外促销活动。

（3）公关营销部及时将有关信息反馈给客房部，为客房部提高客房产品及服务质量提供指导和帮助。

（4）公关营销部与客房部进行交叉培训。公关营销部对客房部员工进行酒店公关营销的专项培训，以提高其公关营销能力；客房部对公关营销部人员进行客房产品知识的培训，使其对客房设施、设备及客房服务有全面的了解，以利于客房销售工作。

七、客房部与人力资源部的协作

（1）人力资源部负责审核客房部的人员编制。

（2）相互配合做好客房部的员工招聘工作。

（3）人力资源部指导、帮助、监督客房部做好员工培训工作。

（4）人力资源部对客房部的劳动人事管理有监督权。

（5）人力资源部负责审核客房部的薪金发放及考勤管理。

（6）人力资源部协助客房部进行临时性人员调配。

八、客房部与保安部的协作

保安部是负责酒店安全保卫的职能部门，但做好酒店的安全保卫工作是各部门和每一位员工应尽的责任和义务。在安全保卫工作中，客房部与保安部必须通力协作。

（1）保安部对客房部员工进行安全知识的专门培训，以增强客房部员工的安全保卫意识，提高客房部员工做好安全保卫工作的能力。

（2）保安部指导、帮助客房部制订安全计划和安全保卫工作制度。

（3）保安部要监督客房部员工的行为，如监督员工上下班打卡、要求走员工通道等。

（4）客房部要协助保安部帮助客人找回失物。

练一练

案例分析：作为客房服务中心值班人员，你如何看待案例中领班阿昌的做法？

一天早上，我在客房当值，接到505房客人罗德曼的电话，他说由于身体欠佳，所以希望将早餐送到房间。我便给在三楼西餐厅当实习领班的同学阿昌去电反映情况。经了解，罗德曼的房费中包含早餐，但是必须在西餐厅享用，如果早餐送上房，按规定必须以Room Service的标准收费，即罗德曼还得另付差价。但当时阿昌考虑到客人身体不适的实际情况，又是我这个同学提出申请，便做了一个特例处理，即不用客人付差价，将早餐送上房间。谁知，自此以后罗德曼每天都以身体不适为借口，要求将早餐送上房间，而且不付差价。阿昌觉得长此下去不是办法，因此让送餐的员工在同客人接触时看看客人是否真的身体不适，结果员工回来反映，客人很健康，谈笑风生，行走自如。

鉴于此，阿昌通知当值员工，如果接到罗德曼的要求，应婉言拒绝。翌日早晨，罗德曼又故技重演，阿昌委婉地拒绝了客人的要求。但罗德曼还不死心，半小时后又打电话过来，这时餐厅恰好比较繁忙，接电话的是一个新员工。罗德曼在电话里措辞激烈，而且重申以往早餐都是送上房的。新员工被他一吓唬，结果又同意了他的要求，很快将早餐送了上去。罗德曼得逞后，立即打电话到总经理处投诉西餐厅领班对客人态度差，并且欺骗他。

点评：从当初好心帮助客人到最后被冤枉投诉，西餐厅领班阿昌在这件事情的处理上主要有以下几点失误：一是部门之间沟通不足，客房部打电话说客人身体不适，该领班没有及时同大堂经理及客房部沟通来共同关注客人的病情。因此，不但没有在服务上下功夫，而且失去了判断客人要求是否合理的事实依据。二是部门内的沟通不足，该领班既然知道罗德曼屡屡提出不合理的要求，给酒店利益造成损失，他就应该站在维护酒店利益的角度上通告餐厅所有员工婉拒此事并学会如何应对，而不是仅仅告诉部分员工。三是对部门员工培训不足，领班应该培训所有员工，当他们接到客人提出的超出他们职权范围的要求时，应及时请示上级主管，而不是受客观环境（如客人情绪好坏）影响而做出错误的判断。

根据以上分析，结合酒店的实际，可归纳出如下可行的做法：

（1）当领班接到客房部电话说客人身体不适时，应简单询问客人病情，询问是否需要帮助，然后及时报告大堂经理。客人的身体健康状况在房务管理当中是一项重要的内容，客人在酒店长住，酒店有义务保障客人的人身安全。对生病的客人，要及时为其提供医疗服务，尤其是那些危重病人，酒店一旦发现，应及时组织送医院抢救。

(2) 如果该客人真的生病，大堂经理应及时为客人提供医疗帮助，并且要在饮食方面协助相关部门给予特别安排。个性化、亲情化的服务能使生病的客人倍增安全感，从而赢得客人的充分信赖。客人也会怀着一种感恩的心理，介绍其朋友入住酒店，为酒店带来利益。

(3) 如果证实客人有意提供不实际的理由，在不好当面“戳穿”的情况下，大堂经理可提出让酒店医生为其检查，用事实回拒客人的无理要求。客人既然已“生病”，酒店派医生去诊断也理所当然。当经过医生科学的判断证实客人没有病时，相信客人一定会释然地“感激”酒店员工的关心。

(4) 酒店管理层应针对这类问题，加强对员工的培训。

知识延伸

旅游旺季客房部是如何沟通协作的呢？

旅游旺季通常是酒店客房入住的高峰期，它能直接给酒店带来巨大的经济收入和效益。但同时，高入住率对酒店也是一场真正的挑战和考验，可能出现的主要问题有：不能迅速、准确地核对房态，以及提供各种准确、快捷的查询管理服务；对客人投诉和遗失物品等情况的处理效率不高，发生失误的概率较大，引起连锁反应，造成投诉量增加，给客人留下不好的印象；缺乏及时全面的营销报表以及强有力的辅助手段和信息参考，使酒店难以为客人提供个性化服务 。

因此，客房部需要与前厅部密切联系，随时从前厅部获取客人入住信息，熟知客史档案，收集宾客意见，对 VIP 预订的客房要特别留意，定时核对房态；协助缓解前厅部的登记入住压力，班次安排应确保早、中班的满负荷人手，随时注意电脑系统中各类房间存量并及时反馈给前厅部，以便于前厅部随时对销售进行全面调整。

此外，客房部要协助餐饮部做好客房送餐、客房小酒吧食品饮料的清点补充工作，缓解次日早餐供应的巨大压力，适当的时候可与餐饮部协调，将部分用餐进行适当分流。

旅游旺季，酒店内人流复杂，客房部须协助保安部对客房和公共区域进行检查，做好防火防盗等安全工作，对可疑房客的情况要特别留意；对重要来宾，将由保安部提供特别保卫，保证入住客人的安全，给客人家一般的安全舒适感。

客房部应协助销售部的促销宣传活动，在客房内放置酒店广告宣传卡，宣传推销客房和酒店其他娱乐设施与服务，并通过预订管理系统，实现销售渠道区域性的联网。

课后练习

一、判断题

1. 酒店通常都会设有客房服务中心。(　　)

2. 在许多酒店中，部门之间已不再分设客房部和前厅部，而是设置由这两个部门

组成的房务部，其目的是便于统一管理、便于协作。(　　)

3. 公共洗手间不属于公共区域负责范围。(　　)

4. 客房部经理全面负责客房部的管理工作，向总经理负责。(　　)

5. 夜班主管代表部门经理主持夜班的一切客房事务。(　　)

6. 布草房仅负责客房所有的布草收发、分类和保管。(　　)

二、填空题

1. 客房部的组织机构是一个________、________、________、________的有机整体。

2. 客房部下属六大机构分别是________、________、________、________、________和________。

典型任务二　认识客房的房型

学习目标

1. 掌握酒店的基础房型。
2. 认识新型酒店的特色房型。

预备知识

客房是酒店为客人准备的用于住宿以及休闲娱乐等的场所。酒店会根据客人的不同需求和用途设置不同种类的客房。不同地区、不同级别、不同类型、不同品牌酒店的客房分类标准并不统一，有单人间、标准间（双床）、双人间、套间客房、公寓式客房、总统套房等。另外，一些酒店会有特色客房，例如度假酒店基本上以家庭单位为主，会提供大床房和家庭房等。

活动1 认识客房的基础房型

情境导入

参观酒店基础房型

场景：客房楼层

角色：楼层王领班、客房服务员小陈

情境：在培训办公室了解了客房的组织机构后，小陈跟着楼层王领班来到了楼层，目的在于认识客房的基础房型及其特点。

王领班："小陈，欢迎你来到客房部。下面由我向你介绍酒店的基础客房类型，你要认真学习并做好笔记哦。"

小陈："好的，我会的，谢谢王领班。"

任务：请以小陈的身份，学习酒店客房的基础房型。

客房的分类方法很多，可按房间配备的床的种类和数量划分，也可按房间所处的位置划分。客房类型多样，价格高低有别，才能满足不同客人的需求，尤其是适应不同的消费能力。客房主要有以下几种类型：

一、根据构成单位客房的房间数量分类

（1）单间——一个房间。

（2）套间——两个以上房间。

二、根据单间房所配备的床的种类和数量分类

1. 单人间（Single Room）

单人间又称单人客房，是在房内放一张单人床的客房，适合单身客人使用，如图1-3所示。饭店单人间一般数量很少，并且多把面积较小或位置偏僻的房间作为单人间，属于经济档。

根据卫生间设备条件，单人间又可分为：无浴室单人间（Single Room without Bath）、带淋浴单人间（Single Room with Shower）、带浴室单人间（Single Room with Bath）。

2. 大床间（King Size & Queen Size Room）

大床间是在房内放一张双人床的客房，如图1-4所示，主要适用于夫妻旅行者居住。新婚夫妇使用时，称作"蜜月客房"。

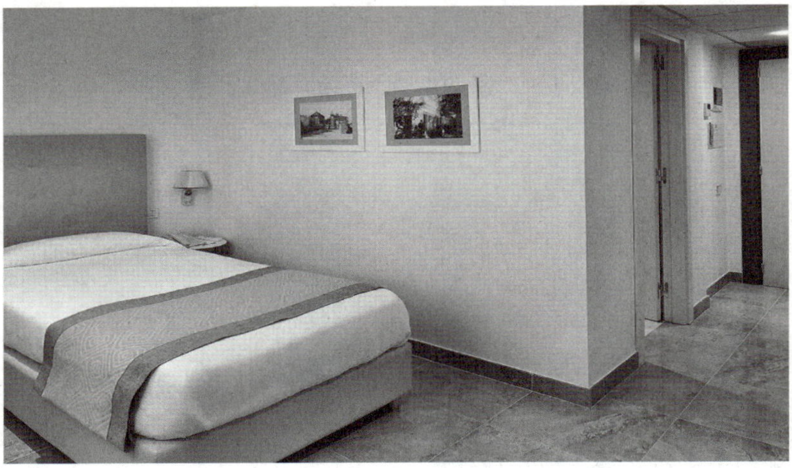

图 1-3　单人间

图 1-4　大床间

高档商务客人很喜欢大床间的宽敞舒适，也是这种房间的适用对象。目前高星级饭店出现的商务客房就是以配备双人床并增设先进办公通信设备为特色。在以接待商务客人为主的饭店，大床间的比例逐渐增加，多者可占客房总数的 50%～60%。

3. 双人间（Double Room）

双人间的种类很多，可以满足不同层次客人的需要，如图 1-5 所示。

（1）配备两张单人床。中间用床头柜隔开，可供两位客人居住，通常称为“标准间”（Standard Room）。这类客房占饭店客房数的绝大部分，适合旅游团队和会议客人的需要。普通散客也多选择此类客房。

（2）配备两张双人床（Double-Double Room）。可供两个单身客人居住，也可供夫妇或家庭旅行客人居住。这种客房的面积比普通标准间大。

图 1-5 双人间

（3）配备一张双人床、一张单人床（Double-Single Room），或配备一张大号双人床、一张普通双人床（Queen-Double Room）。这类房间容易满足家庭旅行客人的需求。

4. 三人间（Triple Room）

三人间内放三张单人床，属经济档客房，如图 1-6 所示。中高档饭店这种类型的客房数量极少，有的甚至不设。当客人需要三人同住一间时，往往采用在标准间加一张折叠床的办法。这种客房在新兴城镇或市郊的饭店还是有客源的。

图 1-6 三人间

三、根据构成套房的房间数量及内部装潢布置的档次分类

1. 普通套间（Junior Suite）

一般是连通的两个房间，称双套间，又称双连客房，如图 1-7 所示。一间作卧室

(Bed Room)，另一间作起居室（Living Room），即会客室。卧室中放置一张大床或两张单人床，并附有卫生间。起居室也设有供访客使用的盥洗室，内有便器与洗面盆，一般不设浴缸。

图 1-7　普通套间

2. 豪华套间（Deluxe Suite）

豪华套间的室内陈设、装饰布置、床具和卫生间用品等都比较高级豪华，通常备大号双人床或特大号双人床，如图 1-8 所示。此类套间可以是双套间，也可以是三至五间，按功能可分为卧室、客厅、书房、娱乐室、餐室或酒吧等。

图 1-8　豪华套间

3. 总统套间（Presidential Suite）

总统套间通常由五间以上的房间构成，多者达 20 间。套间内男女主人卧室分开，男女卫生间分用，设有客厅、书房、娱乐室、会议室、随员室、警卫室、餐室或酒吧间以及厨房等，还有的设室内花园。房间内部装饰布置极为讲究，设备用品富丽豪华。因房价昂贵，出租率很低，一般四星级饭店才设。总统套间并非总统才能住，只是标志着该饭店已具备了接待总统的条件和档次。总统套间的卧室如图 1-9 所示。

图 1-9　总统套间的卧室

四、根据客房位置分类

1. 外景房（Outside Room）

窗户朝向公园、大海、湖泊或街道的客房。

2. 内景房（Inside Room）

窗户朝向饭店内庭院的客房。

3. 角房（Corner Room）

位于走廊过道尽头的客房。

4. 连通房（Connecting Room）

除了分别有单独房门外，客房之间也有门连通的客房。

5. 相邻房（Adjoining Room）

室外两门毗连而室内无门相通的客房。

五、根据客房经济等级分类

（1）经济间（Economic Room）。
（2）标准间（Standard Room）。
（3）高级间（Superior Room）。
（4）豪华间（Deluxe Room）。

练一练

请以中英文形式表达出酒店不同种类客房的名称。

点评：酒店房间分类中英文对照参考如下。

按单间房所配备的床的种类和数量分类：

中文	English
单人间	Single Room
大床间	King Size & Queen Size Room
双人间	Double Room
三人间	Triple Room

按构成套房的房间数量及内部装潢布置的档次分类：

中文	English
普通套间	Junior Suite
豪华套间	Deluxe Suite
总统套间	Presidential Suite

按客房位置分类：

中文	English
外景房	Outside Room
内景房	Inside Room
角房	Corner Room
连通房	Connecting Room
相邻房	Adjoining Room

按客房经济等级分类：

中文	English
经济间	Economic Room
标准间	Standard Room
高级间	Superior Room
豪华间	Deluxe Room

知识延伸

酒店客房除上述类型外，还有其他特殊形式。如根据客人的需要，把相对的两间客房或相邻的两间客房一起出租给客人使用，称为组合客房，还有多功能客房、残疾人客房等。

活动2　认识客房的特色房型

情境导入

参观酒店特色房型

场景：客房楼层

角色：楼层王领班、客房服务员小陈

情境：在参观完酒店基础房型后，小陈提出了一个疑问，想请王领班为她解答。

小陈："谢谢王领班给我介绍并带领我参观酒店主要的房型，我在想一个问题，目前酒店也在日新月异地不断发展，不同星级、不同类型的酒店的房型肯定也有所区别。而且，随着酒店行业的竞争越来越激烈，酒店的房型肯定也在不断创新，是吗?"

王领班："没错，除基础房型以外，酒店还会根据客人需要设置特色房型，下面我们再一起来学习一下。"

任务：请以小陈的身份，学习特色客房的知识。

客房是酒店产品的核心部分，就客房有形产品而言，它们长期呈现千篇一律的"标准"模式，而对客人而言，他们更希望在客房内也能够有一些新奇的享受和经历，能有一些与众不同的收获和感受。因此，酒店应开发各类具有个性色彩的新概念主题客房，塑造客房卖点，满足不同客人的偏好。

一、老年客房

老年人市场在以往并不受重视，但如今世界人口普遍向老龄化发展，我国最新人口普查结果表明，全国65岁及以上的老年人已占全国总人口的8.91%。老年人比上班族更具有空闲时间，老年客人在酒店中的相对滞留时间长，消费大多在酒店内进行，店外就餐少，"银发市场"已成为酒店新的竞争热点。

老年人重感情，易为文化、历史所吸引。所以，在老年人客房的装饰上，可以突出传统的民族风格，配以字画、摆设等装饰。在色彩上可以暖色调为主，多用调和色，少用鲜明的对比色。在绿化布置上，可以放置一些观赏盆景及常绿植物、鲜花等。

老年人的健康问题应是酒店考虑的重点，在客房设施上应突出方便、安全。例如卫生间的防滑设施、门的把手位置及开关位置等。在客房服务上，应突出人情味、亲切感，提供按铃召唤服务及面对面的服务。

二、女子客房

传统的“酒店是男人为男人而设计的”观念已经成为历史，随着更多的女性参与社会活动，女性在住店客人中占有越来越大的比重，女性客人对散客收入的构成也具有越来越重要的影响。一些酒店针对这个现象，专门设计了为女性客人特别准备的客房。

女子客房的室内装饰更富有浪漫情调，室内气氛更为温馨雅致，从色彩、灯光、卧具、织物图案到插花布置等方面，都悉心考虑女性的心理特征，充满着女性气息。

女子客房内设有女性专用毛巾、梳子、梳妆台、试衣镜、香皂、睡衣及适合女性使用的吹风机、电熨斗、磅秤、女性杂志等，并且提供美容美发服务及各种保健咨询，提供出游最佳方案等。

三、儿童、家庭客房

随着收入水平的提高和消费观念的更新，尤其是带薪假期的增多，越来越多的家庭走进了酒店，儿童市场及家庭市场已成为酒店业促销的新目标。面向儿童与家庭的客房应注重在设施设备上的针对性及完善性，并注意营造温馨的家庭氛围。国外一些酒店在赢得儿童及家庭的青睐上都做了相当多的努力。

希尔顿酒店提倡为家庭服务。加利福尼亚希尔顿酒店已连续多年开办“Hilton 假期傍靠站”活动，为客人提供免费礼物、免费玩具和游戏机，并推出儿童菜单，备受当地家庭客人欢迎。

假日酒店早在 1995 年就在佛罗里达州两家酒店开展了“儿童套房”促销活动。该套房是以家庭活动为中心设计的。套房内设有儿童娱乐室、两张儿童床、一个依壁而设的床铺，并配有电视机、录像机、VCD、闹钟和儿童游戏电话。佛罗里达州的 Buena 假日酒店 507 间客房中有 91 间是儿童套房，一般客房售价为 50～60 美元，儿童套房价格则在92～158 美元。

在巴西首都圣保罗，有好几家儿童酒店。这些儿童酒店的客人从 3 个月到 6 岁不等，他们可以在酒店待上一天半天，也可以住上十天半月。儿童酒店把孩子们当客人看待，不仅保持一种令儿童愉快的气氛，而且关心每个孩子，尊重个性。这种酒店配有专业教师以及训练有素的护士、医生、保育员、厨师与管理人员，组织各种适合孩子们的活动，使他们在酒店入住期间增长见识，学习知识与技能。

四、中式古典风格客房

中式古典风格客房可以用两种方式进行布置：一种是室内的部分装饰具有中式特点，例如运用中国画，中国民间工艺，中国传统花纹和造型的家具、摆设进行布置；另一种是采用典型的中国式，即从室内装修到陈设都严格地按照我国的传统进行布置，例如采用木结构的梁架和隔断、典型的中国传统家具和灯具、具有强烈民族色彩的艺术装饰以及独特的布置格局等。

我国是地大物博的多民族国家，所以装饰布置的风格也不能简单地归纳为同一种样式。根据不同朝代、不同地域、不同民族的典型特征，可以设计出不同风格的中式客房。

五、以书为主题的客房

虽然网络文学已经成为一种时尚潮流，但是依然有很多人钟情于散发着油墨清香的纸质书籍。以书为主题的客房可以使客人畅游在书的海洋中，客人可以根据客房内的书单，向服务中心借阅心仪的书籍，补充精神食粮。

六、以电影为主题的客房

如今，看电影是很多人热衷的娱乐消遣方式。在以电影为主题的客房中，贴有精美的电影海报并摆放着各类影视杂志，设有 VOD 点播系统，客人可以选择自己喜爱的影片，享受一个惬意的夜晚。

七、梦幻主题客房

梦幻主题客房主要是营造出一种如梦似幻的氛围，通过空间、色彩、光线的艺术处理，让客人在此可以随意畅想，犹如身处梦幻之中。

八、海底世界主题客房

这种主题客房以海底世界的特殊氛围吸引着客人。房间布置以海蓝色为色彩基调，并在客房中陈放巨大的透明玻璃鱼缸，鱼缸里各种色彩与形状的观赏鱼随意地游动，形成一组美丽奇异的景观。

九、太空主题客房

神秘的太空世界是大多数人所向往的，太空主题客房形似太空船，整体的布置效果使人感到好似乘着飞船在太空中翱翔。

十、以植物或动物为主题的客房

大自然中的生物具有神奇的魅力，吸引着人们去探索它们的神秘，享受大自然带来的美好景象。以某种植物或动物为主题的客房，同样给人美的享受，让人在身体得到休息的同时，放松心灵。

想一想　酒店是如何进行特色客房风格设计的呢？

点评： 酒店作为一个满足宾客“吃、住、行、游、购、娱”多种需求的经济实体，客房管理者可根据客人的不同偏好设计不同的客房产品，例如老年客房、青年客房、新婚客房、单身女性客房、少年儿童客房等；酒店也可因地制宜，通过挖掘不同的地域文化，开发各类“民俗客房”，如民俗风情客房、乡村风格客房、海底世界客房、世界风情客房、太空世界客房等；酒店还可以根据不同历史时代的人文现象进行主题的选择和设计，这种人文现象既可以是现代的，也可以是历史的，甚至是远古的，抑或是未来虚拟的，如史前客房、未来主流客房等；酒店更可以以形形色色的文化作为主题切入口，设计各具特色的文化客房，如电影套房、摇滚之夜套房、小说客房等。

除设计不同类型的客房以外，还应在风格设计上突出特色，以充分体现当地的民族风格、地方特色或酒店独特的装饰风格。如可充分利用独特的家具造型和装饰材料、独有的民间工艺等，使客人有耳目一新之感，从而给客人留下特别深刻的印象。像傣族风格的酒店可以竹楼配上小伞作装饰物，放一曲葫芦丝吹奏的背景音乐，客人便感觉到了孔雀之乡；白族风格的酒店可以铺上蜡染的桌布，挂上蜡染的民族风情画；内蒙古自治区的酒店可把墙壁做成毡房风格，挂上放牧用具及一些动物皮毛；新疆维吾尔自治区的酒店可以将客房布置成维吾尔族民居风格。

知识延伸

四川宜宾酒都饭店的竹文化主题客房

推开房门，一缕淡淡的竹子清香迎面扑来，使人的精神为之一振。竹书案上的文房四宝随之映入眼中，踏着竹地板，穿过门厅，就看到整个房间的全貌——别具一格的豪华套房。

豪华套房面积达 70 平方米，分三个大部分：客厅、餐厅、卧室。除了两个现代化的卫生间，整个套房全部以竹子为原材料。从上至下，从吊顶至墙面、地面，从沙发、床到餐桌，无一不是用竹子精工制成。房间的客厅和餐厅之间，用竹竿摆成方格，象征性地隔断，使客厅和餐厅既融为一体，又互不干扰。地面由宽大结实的楠竹制成的每块 32 厘米×8 厘米的长方形竹地板相拼而成，坚固舒适。八盏梅花形状的竹灯，射出淡黄色柔和的光，与墙面、地面构成了房间的主色调，使客人仿佛置身于竹的世界，具有天然自成的舒适感。

客厅墙面挂有一幅 2 米长、1 米宽的长方形竹雕壁画，题为“高风亮节”，由宜宾老牌竹制品厂采用传统的手工竹刻工艺制作，与餐厅中刻有毛主席诗词《水调歌头》

的扇形竹壁画，遥相呼应，相得益彰。两幅以竹为原料制作的壁画表现了特有的文化内涵。

客厅与餐厅最具特色的恐怕要数竹窗帘。整个窗户由六副竹窗帘覆盖，每副竹窗帘由尼龙绳将一根根细而长的竹棍串在一起，保持收起放下的灵活性。每副竹窗帘上刻有图画，这六副图组成绝妙的楠竹生长图。楠竹生长图再配上两盆造型别致的盆景，使人不禁联想起那浩瀚无边、壮阔无穷的翠色之海、绿色之浪。

卧室面积约 20 平方米，以浅色调为主，顶部用多块 20 厘米 × 20 厘米正方形的竹板构成，每块竹板上刻有一个变形的“寿”字图案，寄寓着健康平安、延年益寿的祝福。地面也采用硕大结实的楠竹制成的竹地板。特别引人注目的是挂在竹书桌前的墙上的一对制作十分繁杂和考究的竹黄宫灯，宫灯发出淡黄色的柔光。两灯中间有一幅 1 米长、0.4 米宽、题为“室雅何须大，花香不在多”、以兰草为主题的竹画，与室内另一幅反映江南水乡风貌的竹画《渔舟唱晚》一起给室内增添了几分温馨宜人的气氛。宽大的竹床，简洁的竹靠背，一幅仙女奔月的竹刻床头画，充分体现了天人合一、清心无欲的自然境界，给客人一种宾至如归的感觉。

课后练习

一、简答题

饭店客房有哪几种类型？各有什么特点？

二、判断题

1. 清洁、安全的客房环境，是旅客在客房最重要的生理和心理需要。（　　）
2. 饭店客房安装的烟感报警器可使宾客感到安全可靠。（　　）
3. 三人间放三张单人床，属于经济档客房。（　　）
4. 女子客房内设有女性专用毛巾、梳子、梳妆台。（　　）

典型任务三　认识客房的空间布局和用品、设备

学习目标

1. 掌握客房的空间布局。
2. 熟悉客房用品、设备。

预备知识

客房是客人在酒店下榻期间的主要生活场所，所以要求酒店合理地设计客房的布局，并配备相应的设备，使客房尽可能具备满足客人需求的多种功能，真正成为客人的“家外之家”。客房商品的功能设计是通过客房内的功能分区来进行的，客房一般分为睡眠空间、盥洗空间、起居空间、书写空间、贮存空间五个功能区，并相应配备不同的用品、设备。

活动1 认识客房的空间布局

情境导入

认识客房的空间布局

场景：标准间房内

角色：楼层王领班、客房服务员小陈

情境：在了解客房房型后，王领班带着小陈来到了一间标准间里，准备对房间的功能性空间布局进行详细的介绍说明。

王领班："小陈，这是我们酒店的标准间客房，下面以标间为例给你介绍客房的空间布局。"

小陈："好的，我会认真聆听并做好笔记。"

任务：请以小陈的身份，学习酒店客房的空间布局。

一、睡眠空间

睡眠空间是客房最基本的空间，主要家具和设备有床和床头控制柜，如图1-10所示。床是酒店为客人提供休息和睡眠的最基本的设备，一般采用西式床，其种类和规格要根据酒店的等级和客房面积而定。床的基本类型包括：单人床、双人床、大号双人床、特大号双人床、婴儿床、加床。此外，还有折叠床、单双两便床、沙发床、水床、隐蔽床等。床的规格差别也较大，没有统一标准。床的规格大致为：

单人床：100厘米×200厘米。

双人床：140厘米×200厘米。

大号双人床：160厘米×200厘米。

特大号双人床：200厘米×200厘米。

图1-10 睡眠空间

另外，床的高度要考虑美观、协调及便于操作等因素，一般应在40～60厘米。现在许多酒店已经认识到床的规格与舒适程度对客人的影响，为增加吸引力，更多采用较为宽大舒适的床具。

床头控制柜的功能较多，一般集成了音响设备及电视机、空调、床头灯、台灯、夜灯、地灯、走廊灯等电器设备的开关，可以方便客人使用各种电器，满足客人的基本需要。另外，在床头控制柜上还配有电话、便笺、一次性铅笔等，在下面隔板上摆放一次性拖鞋和擦鞋布。

二、盥洗空间

盥洗空间是指客房的卫生间，也是体现酒店等级的一个重要条件，主要配备浴缸、坐便器、洗脸盆等设备。其功能设计主要通过三大设施来体现。

1. 云台与洗脸盆

这一空间由台面、洗脸盆、水龙头、墙面大玻璃镜、电源插座等组成，如图1-11所示。台面多用水磨石、大理石、人造大理石等材料，表面光滑美观。一间标准客房的云台规格一般为长150～180厘米、宽50～70厘米。其中，洗脸盆规格为55厘米×40厘米。洗脸盆多为瓷质，其特点是美观、耐用、易清洁。

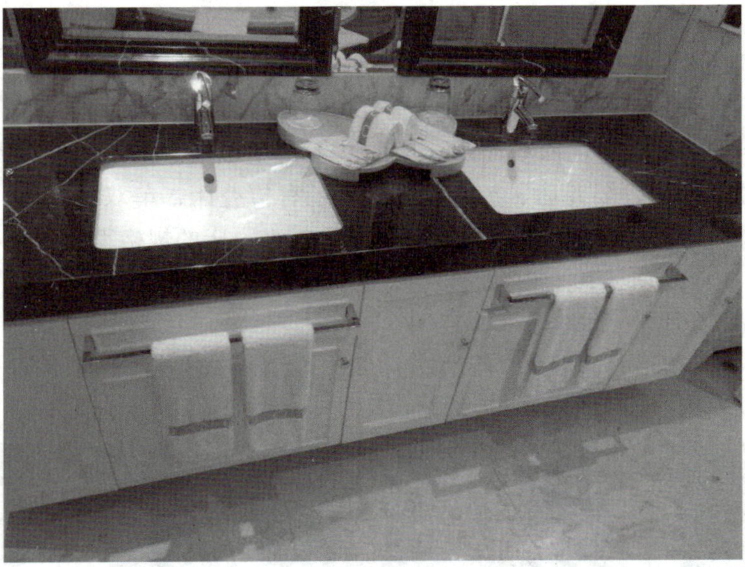

图1-11　云台与洗脸盆

客房卫生间一般面积较小，为扩大空间感，一般在云台上方墙面安装大玻璃镜，同时也便于客人化妆或剃须。为消除镜面上的水蒸气，一般在镜子后面装有除水雾装置。云台上还要摆放各种洗漱用品，并设计安装冷、热水龙头。云台一侧的墙面上设置电源插座，供客人使用吹风机、电动剃须刀等。

2. 浴缸或淋浴间

一般酒店客房设浴缸，也可不设浴缸，只设淋浴喷头，如图1-12所示。浴缸应带有可调节水温的冷、热水龙头，附设淋浴喷头，浴缸底部应有防滑措施。浴缸及淋浴设备依酒店等级不同而档次区别很大，一般酒店的淋浴设备只需设置冷、热水喷头和浴帘即可，而高档豪华客房则设有冲浪式浴缸等。

图 1-12　浴缸与淋浴间

3. 抽水马桶

抽水马桶（如图 1-13 所示）主要由以下部分组成：进水管、出水管、渗水管、水塞（进水和出水）、浮球、放水旋钮及杠杆、水箱、便池（便池有连通水箱的弯管）。抽水马桶的基本原理是利用水的重力，将水的势能转换为水的动能，从而裹挟着排泄脏物进入下水管道。

图 1-13　抽水马桶

此外，盥洗空间的设施设备还有电话、毛巾架、卷纸架、晾衣绳、排风扇等。

三、起居空间

标准间的起居空间在客房的窗前区，供客人饮食、休息、会客之用，主要配备座椅（或沙发）、茶几、落地灯等，如图 1-14 所示。套房则有独立的起居室。

图 1-14　起居空间

四、书写空间

标准间的书写空间一般设在床的对面位置。主要设施设备包括写字台、电话、台灯等，如图 1-15 所示。台面一侧较长，上面可放电视机或设电视柜，下面放置小冰箱。

图 1-15　书写空间

五、贮存空间

贮存空间通常设置在进出房门过道的侧面，主要设施设备包括壁橱和行李架，如图1-16所示。壁橱内装有照明灯，挂衣横杆上备有带店徽的衣架，按床位计，每床两个西服衣架、两个裙架、两个裤架。壁橱下面放置洗衣袋和洗衣单。此外，壁橱还可以存放客房备用的枕头、毛毯、被子等。

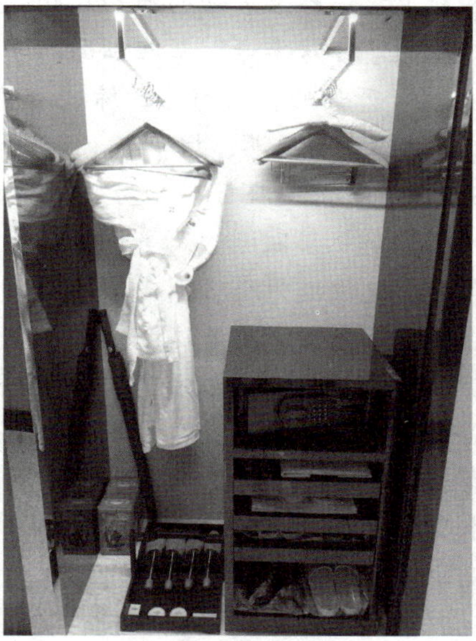

图1-16 贮存空间

想一想 请在下面的客房（标准间）平面图上，标注出主要空间功能区。

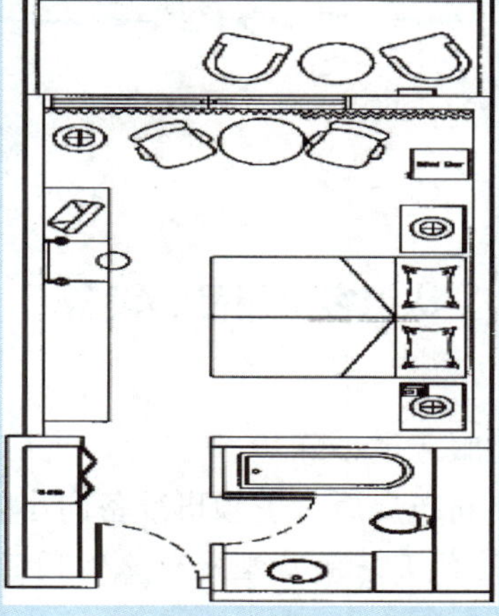

知识延伸

浴室革命——丽晶酒店“二十一世纪卫生间”

对于酒店业人士来说，标准客房之所以被称为“标准”就是因为客房的布局和设施配置都已经基本定型，任何新的设计思想都只是在原来框架下的修修补补而已，难以有实质性的突破。但进入新世纪，标准客房的布局也悄悄地发生了变化，一场象征着二十一世纪酒店建筑新思维的“客房革命”正在酝酿和实施。这一切都是从香港丽晶酒店的“二十一世纪卫生间”开始的。在酒店的缔造者罗伯特·H. 彭斯（Robert H. Burns）先生的主张下，地近维多利亚港、拥有602间豪华客房的香港丽晶酒店抛弃了传统的设计思想，在客房卫生间上很是下了一番功夫。

彭斯先生和设计师们考察、调研了欧洲、北美许多顶尖级豪华酒店，确立了以豪华和明敞为主风格，将丽晶酒店建设成为全亚洲酒店的楷模的目标。丽晶酒店的客房卫生间成为新设计的突破点，彭斯先生决定给这个最容易被人们忽视而在生活中又最为关键的地方带来一个顶级豪华的意识。他把通常为12.8平方米的卫生间扩大为36.58平方米，卫生间里镶嵌淡粉色大理石、落地玻璃镜面，大大提高了常规照明强度。传统的“三大件”也有很大改变，增设了淋浴池，特制了一批低位扶手以照顾残疾或行动不便的客人。抽水马桶上加设了预热坐垫，人们不会再有热屁股碰上冷板凳的尴尬。浴盆的面积硕大无比，可以在短短几秒钟内迅速灌满水，足以供两人同时使用，还有独特的按摩功能。卫生间里还增加了化妆镜、洗衣台、吹风机、体重自测仪等许多设施。最让客人们赞叹不已的是可以直接在浴室里远眺维多利亚港的迷人景色。

丽晶的超级卫生间被人们誉为“二十一世纪卫生间”，出人意料地成为酒店最成功的“卖点”。

（资料来源：饶勇．现代酒店营销创新500例．广州：广东旅游出版社，2000.）

活动2　认识客房用品、设备的种类

情境导入

认识客房用品、设备

场景：标准间内

角色：楼层王领班、客房服务员小陈

情境：在了解了客房的空间布局后，王领班准备向小陈介绍客房的用品、设备。

王领班：“小陈，你看看这间客房的房型是什么？同时观察一下，房内的用品、设备有哪些类型？”

小陈：“按照之前学过的知识，这间房间应该是标准间。房内的用品、设备都比较多，但据了解和现在所观察到的，大致有家具、电器类、卫生设施和安全设备等。”

王领班：“掌握得不错。客房设备种类较多，把它们分好类是我们了解客房设备的首要任务。下面我从客房几大功能区的角度进行房内设备介绍，注意做好笔记。”

小陈：“好的。”

任务：请以小陈的身份，认识客房用品、设备的种类。

酒店客房设备种类繁多，加强设备管理是保证酒店正常运转的基本条件，也是降低成本、提高经济效益的途径之一。因此，必须用科学的方法，做好设备的管理工作。客房设备的管理是全过程的管理，即从设备的选择到设备的日常使用、保养、维修及更新改造等每个环节都要加强管理。

一、客房设备的种类

客房设备主要包括家具、电器、卫生设备、安全设备等。

1. 家具

客房家具从功能上划分，有实用性家具和陈设性家具两大类，其中以实用性家具为主。客房使用的家具主要有：床、床头柜、写字台、软座椅、小圆桌、沙发、行李架、衣柜等，如图 1-17 所示。

图 1-17　客房家具

2. 电器

客房内的主要电器设备如图 1-18 所示。

（1）照明灯具。客房内的照明灯具主要有门灯、顶灯、地灯、台灯、吊灯、床头灯等，它们既是照明设备，又是房间的装饰品。平时要注意照明灯具的维护和保养，要定期检修，确保完好和使用安全。

（2）电视机。客房电视机可以丰富客人的文化生活，可作为旅途的一种消遣或方便了解时事。电视机不应放在光线直射的位置，每天要用干布擦净外壳上的灰尘，并定期检修。

（3）空调。空调是使客房一年四季都保持适当的温度和调换新鲜空气的设备。每间客房的墙面上都有空调旋钮或开关，平时要保持风口的清洁，并定期检修。

（4）音响。一般在床头柜内安装音响装置，供客人收听有关节目或欣赏音乐。床头柜上还装有电视机、地灯、床头灯的开关以及传唤服务员的按钮等。这些装置均需定期检修。

（5）电冰箱。为了方便饮料供应，客房内大多设有小酒吧，在冰箱内放置酒水饮料，客人可根据需要随意饮用。电冰箱要定期除霜，并根据季节调整温度。

（6）电话。房间内一般设两部电话机，一部放在床头柜上，另一部装在卫生间。这样，客人就不会因在卫生间而影响接电话。每天要用干布擦净电话机表面的灰尘，话筒要每周用消毒水消毒一次，并定期检修。

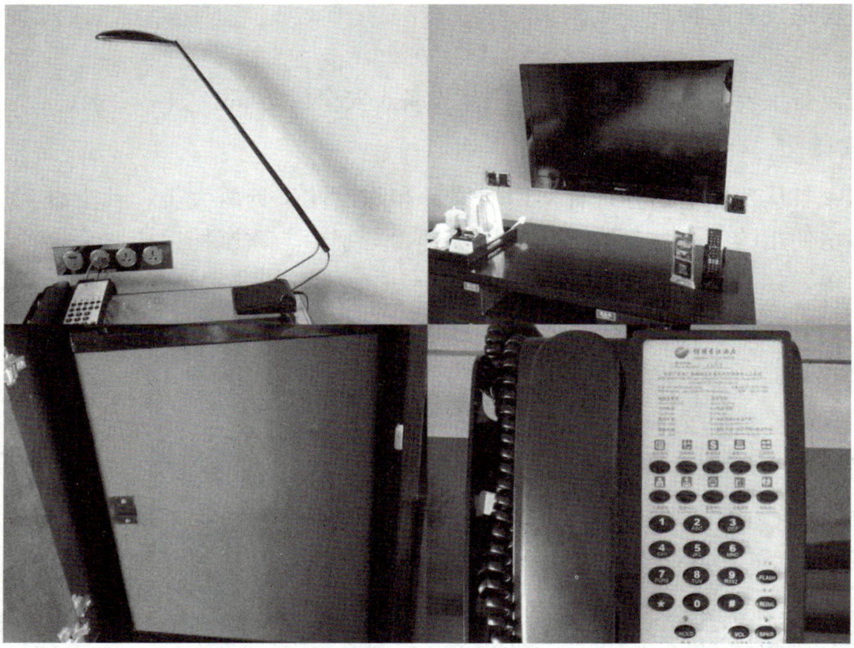

图 1－18　客房常用电器

3. 卫生设备

卫生间的设备主要有洗脸盆、浴缸、坐厕等。洗脸盆上一般装有面镜。浴缸边上有浴帘，下面铺有胶皮防滑垫，有冷、热水龙头和淋浴喷头，还有手纸架、毛巾架及通风设备等。洗脸盆、浴缸、坐厕要清洁消毒，保持干净。水龙头、淋浴喷头和水箱扳手等金属设备每天要用布擦净、擦亮。要定期检修上、下水道和水箱，以免发生下水道堵塞和水箱漏水的事故。

4. 安全设备

为了确保宾客的生命、财产安全，预防火灾和外人滋事，客房内一般都装有烟雾感应器，门上装有窥镜和安全链，门后张贴有安全指示图，指示图上应标明客人现在的位置及安全通道的方向。楼层走廊安装监控器，可以观察楼层通道的情况。客房及走廊还装备自动灭火装置，一旦发生火灾，安全阀即自动熔化，水从灭火装置内自动喷出。安全门上装有昼夜明亮照明指示灯。凡属防火、防盗的安全设施都应经常检修保养，以免因损坏或失灵造成严重后果。

二、客房用品的分类

客房用品的分类方法很多，但主要有两种。

1. 按消耗的形式划分

（1）一次性消耗品。如茶叶、信笺、信封、牙刷、香皂、梳子、洗浴液等，这些用品可一次性消耗完毕。

（2）多次性消耗品。如布草、卫生间“四巾”、衣架、烟灰缸、杯具等，这些用品可连续多次供客人使用。

此种分类方法有利于客房部分类制定客用品的消耗定额，加强对客房用品的预算控制。

2. 按供应的形式划分

（1）客房日耗品。即前面所说的一次性消耗用品。客房日耗品是客人可以带离酒店的物品，包括香皂、洗衣袋、礼品袋、鞋擦、文具、一次性拖鞋、洗浴液、洗发液、牙具、淋浴帽、梳子、卫生纸、火柴、面巾纸、茶叶、针线包、圆珠笔、明信片等，如图 1－19 所示。

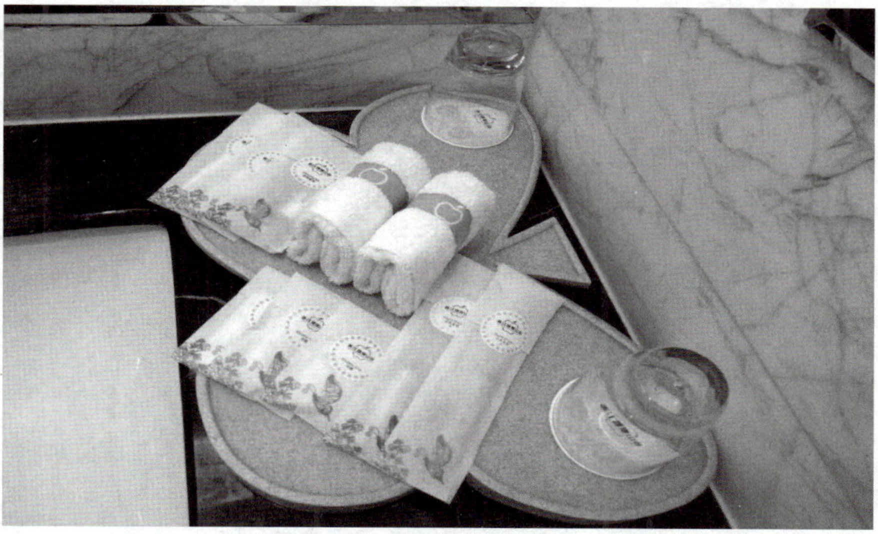

图 1－19　客房日耗品

（2）客房备用品。这类物品是放在客房内供客人使用的，属于多次性消耗品，不允许客人带走，但经常会被客人当作纪念品带走，包括衣架、卫生间防滑垫、棉织品、茶水具、酒具、烟灰缸、服务夹等。

（3）宾客租借品。这类物品一般不放在房内，而是存放在客房服务中心，供客人临时需要而借用。有不少客人，特别是女客，常会向酒店借各种用品，如吹风机（现有不少酒店已在房内配备）、熨斗、熨衣架、冰袋、枕头等。因此，客房部应准备这类物品，以满足客人的需求，同时要有相关制度，以保证这些借用物品的归还。宾客租借品多属于多次性消耗用品。

此种分类方法有利于客房用品的分类保管和使用。

想一想　思考酒店用品、设备的重要性。

点评：现代酒店为适应人们日益增长的需求，已不再是仅仅提供住宿的场所，而是从衣食住行、视听娱乐，到运动健身、商务购物、医疗美容等，应有尽有，用品、设备日趋完善。一个现代化的酒店，用品、设备费用已占总价的1/3还多。另外，酒店对设备的依赖程度也日益剧增，一旦设备出了故障，服务就要受到影响，几乎无法由人来代替。现在越来越多的酒店管理者们认识到，做好酒店工程管理，是酒店经营取得成功的关键之一。

1. 酒店的用品、设备关系到客人安全

酒店应尽其所能使客人获得安全感。酒店除安排保安人员昼夜巡逻以确保客人安全外，还应保证酒店的安全设备如消防设施、防盗系统、门锁系统等处于正常状态。如这些设施失灵而又不及时修复，将给酒店造成不可估量的损失。因此，用品、设备管理的好坏关系到客人和酒店的生命财产安全。

2. 酒店的用品、设备关系到服务质量

酒店是一种以出售“服务”为主的企业，经营酒店的目的是“赢得并保全”客源。为达到这个目的，要尽可能获取客人最大的满意。酒店“硬件”设施是达到这个目的的物质基础。我们无法设想，电话不通、音响不响、电梯不动、浴室无水、房门不能正常开关的酒店能使客人满意。因此，设备管理的好坏，关系到客人对服务质量优劣的体会。

3. 酒店的用品、设备关系到销售价格

合理的售价是酒店获得经济效益的基础。所谓合理，是指客人的消费与获得的服务相称，通俗地说，就是“物有所值”。优质的服务加上良好的用品、设备，必然能以高的价格出售。所以用品、设备的管理和配置的优劣，关系到销售价格的高低。

4. 酒店的用品、设备关系到酒店的利润

酒店的工程维护费用及能源的消耗是酒店开支中的大头，酒店每年用于工程设备和能源消耗的费用约占总营业额的10%，甚至还多。一种说法认为，工程部是个利润中心，其开支就是纯利润，工程设备节约1分，就是利润增加1分，因此用品、设备管理的好坏关系到酒店的利润。另外，由于酒店出售的产品（如客房、会议室、餐厅等）维修不及时必然影响出租率，因此应给予充分的重视。

知识延伸

智能客房服务旨在为入住客人提供一个融合AI技术与生活体验的平台，为平常的旅行生活体验带来革命性的改造。洲际酒店集团最新推出的AI智能客房的服务将涵盖：

智能客房与使用场景调节：虽然酒店提供世界级设施，但客人依然要走到窗边拉窗帘、拿遥控器开关电视，而在基于AI的智能房间里，客人不仅可以通过语音交互，实现对客房内窗帘、灯光、电视等电器设备的控制，更可以通过对Raven H下达智能指令，调节客房整体使用场景。当客人需要工作时，只需要对Raven H说“我要工作了”，Raven H便会自动调节合适灯光、关闭房间电视，并拉上窗帘等，彻底实现智能客房的体验。其他智能客房模式还包括睡眠模式、浪漫模式等，而客房的浴室还能通过语音交互，实现沐浴模式、泡澡模式等。

智能信息查询和智能娱乐：即使酒店提供殷勤服务，客人还是需要打电话到前台或到礼宾部查询交通或周边信息，而凭借Raven H强大的软件平台，在AI智能客房里，客人只需要发出语音指令，即能瞬间调用百度搜索引擎，即时查询周边信息、生活资讯、天气和交通状况等，当查询附近用餐建议时，系统更会推荐最符合客人需求的餐厅的前三名。在智能娱乐方面，Raven H则接入了百度音乐、太合音乐的媒体库，以及爱奇艺电视，为客人带来多元化的视听娱乐享受。

智能酒店服务：为了省去客人致电客房部安排各种酒店服务的烦恼，在智能房间里，客人可通过语音交互随时利用Raven H呼叫客房服务、礼宾司服务、送餐服务等智能酒店服务，同时更可凭借百度引擎实现播放音乐、播出指定节目的视频，甚至给儿童讲晚安故事、播放动画等各种服务，为平常的旅行生活体验带来革命性的创新。

课后练习

一、简答题

1. 按功能划分，客房可分为几大区域？请以标准间为例进行说明。

2. 属于客房一次性消耗品的有哪些？

二、判断题

1. 客房的空间布局一般分为睡眠空间、盥洗空间、起居空间、书写空间和贮存空间。（　　）

2. 客房内一般设两部电话机，一部放在床头柜上，另一部放在卫生间。（　　）

典型任务四　认识客房服务员的必备素质

学习目标

1. 熟记客房部服务员的必备素质。
2. 掌握客房服务员的仪容和礼节要求。

预备知识

客房服务员主要指为宾馆或酒店的客房提供清洁及为住户提供生活帮助的服务人员。其主要工作包括：清洁并检查客房、补充用品、为客人提供服务、清洁用品使用及保养、检查客人遗留物及客房内贵重物品、确保工作区域的安全。

活动1 认识客房服务员的素质要求

情境导入

如何成为一名优秀的客房服务员

场景：培训办公室

角色：客房部杨主管、楼层王领班、客房服务员小陈

情境：在了解了酒店客房部基本情况后，小陈感到要成为一名优秀的客房服务员非常不容易。要想做好客房服务员的本职工作，必须具备很多过硬过强的个人素质。

小陈："谢谢王领班带领我了解了这么多客房部的基本知识，让我对它有了更深的了解。同时，我感觉身上的担子不轻啊。"

王领班："幸福是靠奋斗出来的。不要害怕，只要肯下功夫去学，肯定也能成为像杨主管这么优秀的人才。"

杨主管："哈哈，过奖了。小陈，给你几个小贴士，只要能坚持做好，你也可以越来越优秀的。"

任务：请以小陈的身份，学习客房服务员的必备素质。

一、从业态度端正

（1）具有较高的自觉性。

（2）责任心强，善于与同事合作。

二、从业知识丰富

（1）具有丰富的文化知识。

（2）了解企业文化。

（3）熟悉岗位职责、相关制度和规定。

三、从业技能高超

（1）要有充沛的精力和较强的动手能力。

（2）要有较强的交际能力。

（3）要有敏锐的观察力。

（4）要有较强的应变能力。

练一练

案例分析：野田圣子作为服务员的经历给你什么启示？

野田圣子，曾经是日本内阁中最年轻的阁员，也是唯一的女性大臣。然而有谁能想象得到，她的事业却是从喝厕所水开始的。

野田圣子的第一份工作是在帝国饭店当白领丽人，在受训期间负责清洁厕所，每天都要把马桶抹得光洁如新才算合格。可她从未做过如此粗重的工作，因此第一次伸手触及马桶的那一刻，她几乎呕吐，甚至在上班不到一个月时便开始讨厌这份工作。有一天，一名与圣子一起工作的前辈在清洁完马桶后居然伸手盛了满满一杯厕所水，并在她面前一饮而尽，目的是向她证明经他清洁过的马桶干净得连水也可以喝。

此时，野田圣子方发现自己的工作态度有问题，根本没资格在社会上肩负起任何责任，于是她对自己说："就算一生要洗厕所，也要做个洗厕所最出色的人。"

结果在训练课程的最后一天，她在清洁完马桶之后，也毅然喝下了一杯厕所水，并且这次经历成为她日后做人、处事的精神力量的源泉。

点评："角色"一词在中文中指演员扮演的剧中人物，在英文中（role）还可作"任务""作用"来解释。因此角色就是指某一个人物在某一位置上发挥某种作用，完成某项任务的意思。作为饭店员工，无论是高级管理者，还是普通服务员，所扮演的都是服务者角色。作为现实生活中的一个社会人，一生中可能会扮演多种角色，但实现各种角色的转换并不是一件易事。无论是谁，只要一到酒店上班，就统一成了服务者角色。所以国外的饭店有一项不成文的规定，凡是到酒店的新员工，都必须从洗厕所开始干起。只有通过这一关的人，才能端正工作态度，实现角色的转换。野田圣子说："就算一生要洗厕所，也要做个洗厕所最出色的人。"本案例即生动地介绍了她是怎样通过这一道关口的。

国内的环境与酒店的涉外环境反差很大，特别是现在很多的青年职工都是独生子女，不少是家里的"宠儿"，有的甚至是四体不勤、五谷不分。这些员工初到酒店，很容易产生角色模糊，自觉或不自觉地把家里的角色带到酒店中来，以致一受挫折就无法忍受。酒店的新员工，包括转行到酒店的管理人员，不妨首先从负责清洁厕所的工作干起，只有丢掉面子、端正态度，真正进入酒店服务者角色的正常状态，才可能担负起工作的重任。

知识延伸

职业守则：

（1）热情友好，宾客至上。

（2）真诚公道，信誉第一。

（3）文明礼貌，优质服务。

（4）以客为尊，一视同仁。

(5) 团结协作，顾全大局。
(6) 遵纪守法，廉洁奉公。
(7) 钻研业务，提高技能。

活动 2 认识客房服务员的仪容与礼貌

情境导入

认识客房服务员的仪容与礼貌

场景：培训办公室

角色：客房部杨主管、客房服务员小陈

情境：深受“野田圣子喝下马桶水”的案例启发，小陈决心在岗前培训结束，正式踏上工作岗位后努力工作，争取在每个工作岗位上都能发光发亮。这时，杨主管注意到小陈的手腕上戴着一个金光闪闪的镯子。

杨主管：“小陈，你手上的金镯子很闪亮，一定很贵吧?”

小陈：“是妈妈给我的毕业礼物，我也很喜欢。”

杨主管：“哈哈，倘若平时佩戴，我觉得非常适合你，但你应该知道，作为一名客房服务员，在岗时是不准佩戴各种饰物的。下面，我给你详细介绍一下客房服务员的仪容与礼貌要求吧。”

任务：请以小陈的身份，学习客房服务员的仪容与礼貌要求。

一、客房工作人员的仪容与姿态

客房工作人员既要做一些“门面”性的工作，如迎送宾客、日常接待等，也要做一些服务性的劳动，如打扫房间、加餐送物等。所以，客房工作人员不但应像前厅工作人员一样注意自己的仪表、仪容和个人卫生，还得根据客房的工作环境，使自身在表情、姿态和着装等方面尽量突出亲切、持久、方便的特点。

1. 仪表与仪容

服务员上岗前必须按规定着工作服，工作服要整洁、挺括，扣好纽扣，并且要勤换洗，无异味，无破损；工作时必须穿黑色皮鞋或黑色布鞋；在岗时不准佩戴各种饰物，公共场所必须着装整齐，系好风纪扣。

服务员上岗前必须自查仪表是否符合要求，同时要接受领班和上级的检查，不符合要求者不能上岗。另外，如果穿西装、衬衫则必须穿亮度较高的单色衬衫，衬衫领应高于西服领 1 厘米，左右袖口外露 1 厘米；衬衫应系在裤内，腰带应用专用腰带；双排扣的西服不宜敞穿，单排扣的西服在一般情况下不扣纽扣，但饭店管理人员在工作场合都应系上第一个纽扣；上衣的下口袋盖应放在外边，西服的下口袋不宜装过多过重的物品，以防变形；穿西服必须穿黑色皮鞋，不准穿布鞋；工作时必须系领带，领带结要小而紧；冬季穿西服切忌臃肿。服务员的仪表与仪容如图 1－20 所示。

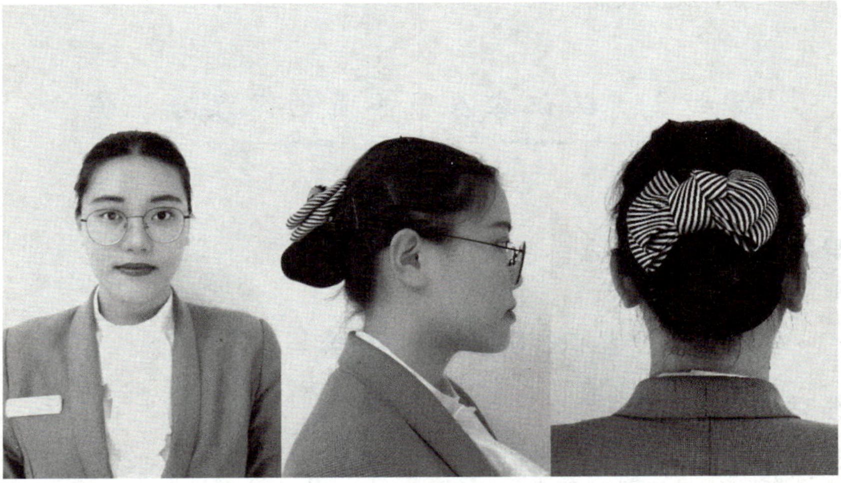

图 1－20　服务员的仪表与仪容

对于化妆的要求，客房服务员与前厅服务员基本一致。由于客房服务员与宾客打交道的时间相较于前厅服务员要更长一些，因此，尤其需要注意面部表情。表情是指人的面部情态，人的表情是复杂的。古人说："人身之有面，犹室之有门，人未入室，先见大门。"现代心理学家也总结过一个公式：

感情的表达＝言语（7%）＋声音（38%）＋表情（55%）

可见表情在人与人之间的沟通中占首要位置。亲切友好的表情留给人们的印象是深刻的，它是优雅风度的重要组成部分。一个善于通过目光和笑容表达美好感情的人，可以使自己更富有魅力，也会给他人以更多的美感。

此外，客房服务员最好是外向型性格的人。这种性格的人，天生勤奋、活泼、热情、爱笑，会给客人带来一种满意、愉快的感觉。外向型性格的人也更善于处理临时发生的小事情，应变能力强，更易于得到客人的支持和同情。外向型性格是做好饭店服务工作的一种必备的基本条件，不能全靠进入饭店后再进行培训。

2. 仪态与举止

仪态是指人们在交往活动中的举止所表现出的姿态和风度。

（1）坐姿。

坐姿要端正，平坐时的要领是：人体重心垂直向下，腰部挺起，脊柱向上伸直，挺胸，双肩平、松，躯干与颈、髋、腿、脚正对前方，手自然放在双膝上，双膝并拢，目平视，如图 1－21 所示。

就座时切不可有以下几种姿态：

1）前俯后仰，叉腿跷脚；

2）脚搭在椅子、沙发扶手上或架在茶几上；

3）女士就座时不要跷二郎腿，应双腿靠紧，脚跟自然靠齐；

4）同左、右方客人谈话时不要只转头，可以侧坐、上体和腿同时转向一侧。

（2）站立。

站立时从正面看，身体重心线应在西服中间向上穿过脊柱及头部，重心放在两个前脚掌。站立的要领是：挺胸、收腹、伸颈，站立要端正，目平视，环顾四周，面带笑容，双臂自然下垂或在体前交叉，右手放在左手之上，以保持随时向客人提供服务的最佳状态，如图 1－22 所示。

图 1－21　服务员的坐姿

图 1－22　服务员的站姿

站立时应注意以下几点：

1）站立时双手不要叉放在腰间或抱在胸前；

2）站立时身体不能东倒西歪，如疲劳，可将身体重心略向一侧轻移，但上体要保持正直；

3）站立时不要背靠他物，更不能单腿站立，倚靠在其他物体之上或蹬在后面的物体上；

4）站立时不要趴在其他物体的台面上。

（3）行走。

行走时，身体重心可以稍向前，这样有利于收腹、挺胸。行走的轨迹要呈直线，走时要轻而稳，上体正直，抬头，目平视，面带微笑，两臂自然摆动，肩部放松。

行走时应注意以下几点：

1）行走时切忌摇头晃肩、扭身、踢腿；

2）在公共场合与客人同行，不要抢行，更不能从客人中间穿行；

3）两人以上行走时，不要成横排，不要勾肩、拉手、搭背、搂腰；

4）在通道行走，要靠一侧，不要走在通道中间，如遇客人，应礼让客人先行；

5）不准边走边说笑、哼唱、吹口哨、打响指、吃食品等。

（4）行为举止。

在行为举止方面，客房服务员也要注意如下几点：

1）同客人讲话时，要面向客人，垂手恭立，距离客人 1 米为宜，微笑，不要左顾右盼，不要仰视，不要低头；

2）讲话时不要指手画脚，挖耳鼻，剪指甲等；

3）讲话时如咳嗽，应用手或手帕捂住口，将面转向一侧，不要出大声，事后向客人致歉；
4）同客人讲话或服务完毕，要先退一步，然后再转身，以示对客人的尊敬；
5）不要讥笑客人，不指点、不模仿、不议论客人的缺陷；
6）为客人指路时五指并拢掌心向上，手臂伸直略向下，不要用手指指路。

二、客房服务员的礼节礼貌

客房服务员除要忠实履行以上服务规范外，还必须在礼貌服务中切实做到下列几点：

1. 热情迎宾送客

接到总台任务后，应及时做好迎接准备，宾客一到要致辞欢迎，感情要诚挚。要笑脸相迎使宾客忘掉旅途的劳累，温柔体贴的话语使宾客有“宾至如归”之感。在节假日迎宾时，应对每一位宾客致以特别问候，如“新年好！欢迎光临！”“圣诞快乐，欢迎您的到来！”等。对新婚度蜜月的宾客，应说些吉利的祝贺语，如“欢迎下榻本店，十分荣幸能为你们服务，衷心祝愿你们新婚愉快”。要主动上前帮助宾客提携行李物品，但同时要察言观色，不要硬性坚持把宾客手中的东西拿过来。对于老弱宾客应给予关怀帮助。将宾客引领到房门口时，应礼貌地敬请宾客首先步入。当宾客离店时，服务人员要心中怀着感激之情告别：“感谢光顾，欢迎再来。”语气要诚恳、真挚，目光柔和，面带笑容。送客到电梯口时，代客按铃，电梯一到，躬身告别。

2. 服务周到主动

宾客进入客房后，要随即送上茶水和毛巾。端茶送水要根据时令和宾客的生活习惯，提供此项服务时勿忘使用托盘和毛巾夹钳，讲究卫生。对于不太了解如何使用房间设备的宾客，要及时有礼貌地做详细介绍。对房内冰箱里的饮料是否收费供应，要婉转地交代清楚。

简介饭店的各项设施，如餐厅、酒吧、邮电服务、理发室等，帮助宾客熟悉环境。在确定宾客没有其他需求后，应立即退出客房，不能无事逗留，以免影响宾客休息。宾客如需在房内用膳，要及时按宾客的要求通知餐饮部，膳食送入房内要轻拿轻放。尽量满足宾客提出的一切正当需求，如换添毛巾、肥皂、火柴等，最好能想在宾客需要之前。宾客如有身体不适，要主动询问其是否需要诊治，以便及时提供帮助。

平时见到宾客，要主动招呼，不可视而不见或不予理睬，一走了之。宾客提出房内设备坏了需要修理时，应立即与维修部门联系，及时解决。如维修工一时没空前来，则要向宾客做出解释，求得谅解，不能无动于衷。

3. 进房服务，举止大方

客房服务员在进入客房前先要按门铃或轻轻敲门，敲门应用中指关节缓缓而有节奏地进行，用力适中，每次敲三下（按门铃次数相同，要二短一长），听到客人答复或确定房间无人后方可进入房间。进房后，无论客人是否在房间，都不应将房门关严。进门后如发现客人正在睡觉或正在更衣，或发现客人在卫生间，都应立即道歉，退出房间，关好房门。

在客房内工作，不得擅自翻动宾客的物品，更不可向宾客索取任何物品。不要拿取宾客丢弃的任何物品，也不要接受宾客赠予的小费或物品，如宾客坚持赠送，要婉言拒绝，并致谢意。

如被宾客唤进客房，要把门半掩着，不要关门。客人请你坐下，要婉言谢绝。除了发生意外情况，一般不要使用客房内的电话，且凡是打到客房内的电话，一概不要去接听。当宾客住房门外挂有“请勿打扰”牌子时，绝对不要擅自闯入。不可与其他服务员聚集在一起议论宾客仪表、仪容、仪态或生理缺陷，更不可给宾客起绰号。工作中不要与别人嬉笑或大声喧哗。夜深时讲话要轻声细语，不能影响宾客休息。任何时候都不要在楼道里奔跑，造成紧张气氛。宾客在交谈时，不要插话或以其他形式加以干扰，也不要当着宾客来访朋友的面要求付款结账。

4. 态度谦逊，语言文明

客房服务员要讲究语言艺术，注意效果，讲话时语言要简练，切忌喋喋不休；做到语言、表情和行为一致并且要口齿清楚，音量适当，语调优美。因为服务员的语言直接影响着客人的情绪，反映着酒店的管理水平，是服务员人格的表现，甚至关系到国家的荣誉，所以服务员与宾客交谈时要“请”字当先，“谢谢”收尾。如有事向宾客关照，说话时要注意语气、语调、音量等，不得夹带粗话、脏话。要根据性别和身份有礼貌地称呼宾客，如小姐、女士、先生、夫人、太太，或在先生、小姐前冠以职衔，如上校先生、议员小姐等。

在工作中如发生差错，要主动诚恳地道歉，求得谅解，不得强词夺理，推卸责任。另外，对宾客的投诉，不得辩解，应先认真耐心地倾听，然后表示歉意。即使责任在宾客一方，也要保持冷静和谦逊的态度，在表示歉意后用婉转的口气加以解释，消除误会。对投诉过自己的宾客，不要敬而远之，仍然要热情真诚地为其服务。

练一练

请规范演示一下客房服务员标准的礼仪。（附评分表）

客房服务员礼仪评分表

学生姓名	项目	仪表礼仪（50分）				仪态礼仪（50分）						总分
	评分项目	面部	头发	手部	着装	站姿	坐姿	蹲姿	走姿	手势	微笑	
	评分标准	化妆得体，脸部干净	头发干净，佩戴头饰	手部清洁，指甲长度适宜	干净整洁，佩戴合理	站立端正，姿态优雅	入座轻稳，坐姿文雅	方位准确，姿势优雅	步速均匀，步伐从容	手势规范，时机得当	笑容真挚，表情自然	
分值		10	15	10	15	10	5	5	10	10	10	100

知识延伸

酒店的客房日常服务量较大，涉及面广，变化多，综合性强。一些具有悠久历史的酒店在长期的服务工作中形成了自己独特的、比较完整的一套服务规范和技巧，如“八字”工作法、“五个服务”及“五声”、使用“十一个字”等。

“八字”工作法是从宾客进店到离店，从始至终要做到“迎、问、勤、洁、灵、静、听、送”八个字。

迎：客人到达时要以礼当先，热情迎客。

问：见到客人要主动打招呼问好。

勤：服务员在工作中要勤快、迅速、稳妥，为宾客提供快速敏捷、准确无误的服务。同时在工作中还要做到手勤、眼勤、嘴勤、腿勤，为宾客办事勤快，不图省事，不怕麻烦。

洁：房间要保持清洁，勤整理，做到每日三次进房检查整理房间。坚持茶具消毒，保证宾客身体健康。

灵：办事要认真，机动灵活，眼观六路，耳听八方，应变能力强。

静：在工作中要做到说话轻，走路轻，操作轻，保持楼层环境的安静。

听：在工作中要善于听取客人意见，不断改进工作，把服务工作做在客人提出要求之前。

送：客人离店送行，表示祝愿，欢迎再次光临。

“五个服务”包括：主动服务、站立服务、微笑服务、敬语服务、灵活服务。

“五声”包括：宾客来店有迎声；宾客离店有告别声；宾客表扬有致谢声；工作不足有道歉声；宾客欠安有慰问声。

“十一个字”包括：您，您好，请，谢谢，对不起，再见。

课后练习

简答题

1. 请列举客房服务员的素质要求。
2. 请阐述客房服务员的礼貌服务注意事项。

项目二　楼层服务与管理

项目背景

在参加完客房部的入职培训后，小陈了解了客房部的基本情况，并被分配到客房楼层，担任客房服务员一职。

项目概览

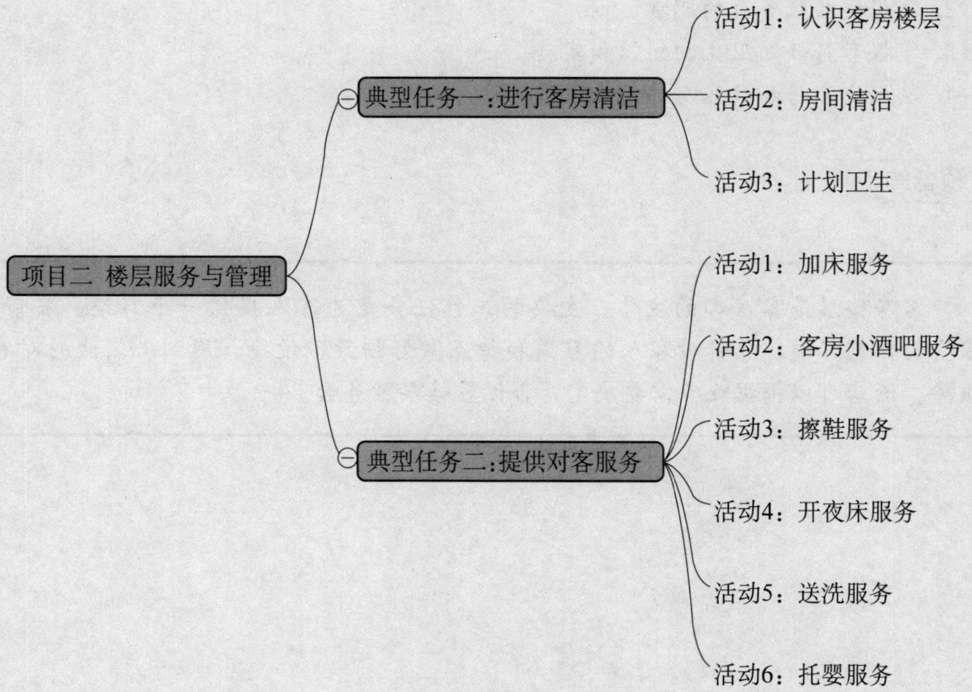

典型任务一 进行客房清洁

学习目标

1. 了解楼层服务的主要任务。
2. 掌握楼层服务员的职责。
3. 掌握客房计划卫生的组织和实施。
4. 熟记走客房和住客房的清洁步骤。

预备知识

客房楼层是客房部的主体，主要的工作任务是为客人提供一个舒适、安静、安全的住宿环境，并针对客人的习惯和特点做好细致、便捷、周到、热诚的对客服务。酒店可以根据业务需要决定是否设置楼层服务台。

活动 1　认识客房楼层

情境导入

岗位初体验

场景：客房楼层

角色：客房楼层王领班、客房服务员小陈

情境：小陈在参加完客房部的入职培训后，被分配到客房楼层，担任客房服务员一职。

王领班："小陈，欢迎你来到客房楼层！你的岗位是客房服务员，下面将由我带领你参观一下客房，熟悉你的工作内容和岗位职责。"

小陈："好的，谢谢王领班。"

任务：请以小陈的身份认真学习客房服务员的工作内容和岗位职责等知识。

一、楼层服务的主要任务

客房楼层是客房部的主体，负责酒店所有客房的清洁和保养工作，供应和配置各种用品，并且为住客提供各种服务项目，以创造一个清洁、美观、舒适、安全的理想住宿环境为主要任务（如图 2－1 所示）。

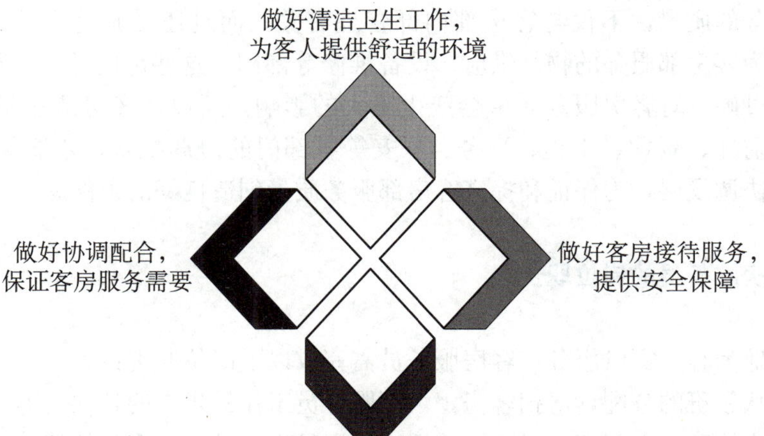

图 2－1　楼层服务的主要任务

1. 做好清洁卫生工作，为客人提供舒适的环境

搞好客房的清洁卫生是酒店赢得客人信赖的重要因素。现代旅游已经成为一种高级消费方式，旅客对清洁卫生的要求越来越高。清洁卫生是保证客房服务质量和客房价值的重要组成部分。酒店良好的气氛，舒适、美观、清洁的住宿环境，都要靠客房服务人员的辛勤劳动来实现。所以，搞好清洁卫生，提供舒适的住宿环境，是客房工作的首要任务。

2. 做好客房接待服务，提供安全保障

做好宾客接待服务工作，是客房部日常业务工作的一项重要任务，它包括从迎接客人到送别客人这样一个完整的服务过程。宾客在客房的停留时间最长，除休息以外，还需要酒店提供其他各种服务。能否做好宾客接待工作，提供热情、礼貌、周到的客房服务，使客人在住宿期间的各种需求得到满足，直接关系到酒店的声誉，也反映了客房商品的价值。

另外，安全需要是客人最基本的需求之一。客房是为客人提供休息的地方，不论何时都要保证楼层的安全，防止不法分子进入客房，保证客人生命财产安全。为客人提供一个安宁的环境，才能使客人有安全感。

3. 加强酒店客房设备用品管理，降低经营成本

客房中的物料用品种类繁多，而且每天消耗量也很大。物资用品及其他费用开支是否合理，直接影响客房部和酒店的经济效益。为此，在客房管理过程中要认真研究投入和产出的关系。加强客房设备用品管理，合理制定消耗定额，做好设备维护保养工作，可以提高设备用品的使用效率，减少浪费，降低成本，使酒店获得良好的经济效益。客房楼层的任务之一，就是要在满足客人要求的前提下，控制物品消耗，减少成本支出，取得最佳的经营效果。

4. 做好协调配合，保证客房服务需要

客房服务的质量，不仅与客房部内部管理有关，而且还受其他有关部门的影响，例如总台和为客房部服务的物品供应、设备维修等部门。这些部门的工作能否跟得上、质量是不是过硬，对客房服务质量会产生很大的影响。所以，客房部在服务过程中还必须加强与前厅、餐饮、工程、财务、保安等各部门的协调配合，才能保证客房管理各项工作的协调发展，为保证和提高客房部服务质量创造良好的条件。

二、客房服务员的岗位职责

为更好地为客人提供服务，客房服务员需完成以下岗位职责：

（1）服从领班的分配，清扫客房，填写服务员工作报告中的各项内容。

（2）严格按照消毒程序，对客人使用过的用具进行及时、有效的消毒。

（3）确保房间内各项设施设备和物品的完好无损，如有损坏立即向领班报告。

（4）及时清理客房内的餐具，放置在本楼层电梯间内，并通知送餐部收回。

（5）检查房间内小酒吧饮品的消耗情况，准确清点、开账并及时补充。如发现客人遗留物品，立即报告领班并送交服务中心。

（6）报告住店客人的特殊情况及患病情况，如遇紧急情况，可越级向有关部门汇报。

（7）客人离店后，及时查看房间设备物品是否齐全和有无损坏，如发现问题，及时向领班和前台报告。

（8）正确使用清洁设备和用具，保持工作间、工作车及各类用品的整齐、清洁。

（9）对客房设施设备应及时准确地报修，并陪同工程维修人员进房维修，检查修复质量。

（10）协助洗衣房收发、核对客人所洗衣物。

（11）及时为住店客人补充客用品。

（12）做好工作车、清洁工具的保养工作，发现损坏及时维修。

（13）完成主管安排的计划卫生。

想一想　作为客房服务员，可以从哪些方面降低客房经营成本？

点评：“开源节流”是酒店管理永远的话题，作为客房服务员，酒店客房成本控制可以从以下几个方面着手：

1. 物品控制

大多数酒店对一次性物品都是按照标准用量进行发放，虽然满足了客人的需求，但却存在着隐性成本浪费，如住店客人打开却没用完的香皂、住客用剩的手纸等。另外，洁净完好的香皂盒、浴液若不能回收和利用，这更是一种成本的流失。总之，对一次性物品必须实行按实际用量发放，否则，就会造成物控失效，物品流失。

2. 用品、设备的保养

客房部的用品、设备不但种类多，数量大，使用频率高，而且设备的资金占用量也居酒店前列。在设备保养中，如果不坚持以预防为主的原则，不加强日常的保养和定期检修，不能做到小坏小修，随坏随修，势必加剧设备的损坏速度，减少使用周期，增加设备更换频次，既会造成大量的成本浪费，又会严重影响酒店的服务质量。

通过专业知识培训，服务员可对一些用品、设备进行简单的维护、保养，对需要小修小补的设备，进行及时处理。这样，既提高了工作效率，又减少了维修费用的支出，还有利于延长设备设施的使用寿命。

3. 能源管理

客房部每日需消耗大量的能源，其中有些是必需的（客人的正常使用），有些则是因失控造成的，如洗脸盆、浴盆、坐便器的长流水；房间、卫生间的长明灯；空房空调和暖瓶、热水器 24 小时都处于供应状态（可在客人到店前四小时做好准备）；服务员清扫卫生间时，房间内的灯没及时关闭；等等。在无形的能源消耗中，也随之产生了无形的成本浪费。

知识延伸

由于全球生态环境的日益恶化，社会环保意识的增强，绿色化已成为饭店业发展的必然趋势。绿色饭店是国际住宿业和餐饮业的一种新型经营方式。20 世纪 90 年代中期，国外“绿色饭店”的理念传入中国，北京、上海、广州等一些大城市的外资、合资饭店和一些由国外管理集团管理的饭店开始实施“绿色行动”。1997 年，国内开始尝试创建绿色饭店工作；1999 年，浙江省在全省范围内开展“绿色饭店”创建活动，这是国内首次在省级区域开展绿色饭店的创建。2002 年 12 月 25 日，由我国饭店协会起草的国家行业标准《绿色饭店等级评定规定》(SB/T 10356－2002) 由国家经贸委颁布并于 2003 年 3 月 1 日正式实施。这是我国饭店行业第一个绿色饭店国家行业标准。2006 年 3 月，国家旅游局颁布了《绿色旅游饭店》(LB/T 007－2006)，将绿色旅游饭店分为金叶级和银叶级两个等级。2015 年 12 月，国家旅游局颁布了《绿色旅游饭店》(LB/T 007－2015) 代替《绿色旅游饭店》(LB/T 007－2006)，自 2016 年 2 月 1 日起实施。

活动 2　房间清洁

情境导入

如何做客房清洁

场景：客房楼层

角色：客房楼层王领班、客房服务员小陈

情境：在参观完客房楼层后，小陈了解了客房服务员的具体工作内容和岗位职责，王领班带领小陈进入正要准备进行清洁工作的 810 房间。

王领班：“小陈，这是客人刚刚退房的 810 房间，现在我想让你观察一下其他员工是如何进行客房清洁的，如果有不懂的地方就及时提出来。”

小陈：“好的。”

此时只见 810 房间的客房服务员有条不紊地将整个房间只花了不到 15 分钟就收拾得非常整洁了。

王领班：“小陈，观察完有何感想呢?”

小陈：“真是又快又好，估计我很难做到。”

王领班：“小陈，不用担心，练习几次，你也很快就能做到。”

任务：请以小陈的身份，学习客房清洁内容和操作步骤。

一、客房日常清洁内容

客房的清洁程度是客人入住酒店最关心的问题之一，同时也是客人选择酒店的标准之一。清洁卫生工作是客房部的一项重要任务，其质量的好坏直接影响着酒店的形象、环境乃至经济效益。客房清洁内容包括清洁整理客房、更换和补充各种用品、检查和保养设施设备等，具体如下：

1. 物品整理

按酒店规定和统一要求，整理和铺设客人使用过的床铺；整理客人放乱的物品、用具；整理客人放乱的酒店衣物（如睡衣、拖鞋等）。一般不整理客人放置的私人用品和衣物。

2. 打扫除尘

用扫把清扫地面；用吸尘器吸净地毯、软座椅上的灰尘；用抹布擦拭门、窗、桌柜、灯罩、电视机等各种家具、设备；倒掉烟灰缸中的烟灰、纸篓里的废物垃圾。

3. 擦洗卫生间

擦洗脸盆、马桶、浴缸、水龙头等卫生洁具；擦洗四周瓷砖及地面；擦亮镜面及各种金属挂杆。

4. 更换及补充用品

按要求更换床单、床垫、枕套、面巾、手巾、浴巾、脚垫巾等棉织品；补充文具用品、火柴、茶叶、卫生纸、肥皂、沐浴液、牙膏、牙刷等供应品。

5. 检查设备

检查水龙头、抽水马桶等的放水设备能否正常工作；检查灯具、电视机、音响设备、电话机、电吹风等电器设备的用电安全指数和性能是否正常；检查家具、用品等是否有损坏。

二、客房的清洁原则

各大酒店根据自身不同的特点，在客房清洁卫生的操作和管理中，会有细节上的差异和特色，但一般遵循的清洁原则包括：

（1）从上到下，抹拭衣柜时应从衣柜上部抹起，逐渐向下抹。

（2）从里到外，特别是最后的吸尘和检查工作，由里向外工作既能保证整洁，又可防止遗漏。

（3）先铺后抹，房间清洁应先铺床，后抹家具物品。如果先抹尘，后铺床，扬起的灰尘就会重新落在家具物品上。

（4）环形清理，家具物品的摆设是沿房间四壁环形布置的，因此，在清洁房间时，亦应按顺时针或逆时针方向进行环形清洁，以求时效和避免遗漏。

（5）先房间后卫生间，卫生间清洁是带水操作，清洁后服务员的鞋下可能有水渍，后清洁可以避免在房间走动造成的重复污染。

（6）干湿分开，即在抹拭家具物品时，干布和湿布要交替使用，针对不同性质的家具，使用不同的抹布。例如，房间的镜子、灯罩，卫生间的金属电镀器具等只能用干布擦拭。

三、客房清洁整理的准备工作

为了保证客房清洁整理的质量，提高工作效率，为客人提供一个洁净的环境，必须充分做好各项准备工作。

1. 听取工作安排，签领工作钥匙

客房服务员应按酒店要求着装，准时上岗签到，听取领班工作安排，之后领取客房钥匙和“客房服务员工作日报表”。领用钥匙时应注明领用时间，客房服务员工作时，必须随身携带工作钥匙，严禁乱丢乱放。工作结束后，服务员要亲自交回工作钥匙，并注明归还时间。

2. 了解分析房态

了解房态的目的是确定客房清洁的顺序和对客房的清洁程度，避免随意敲门，惊扰客人。这是清洁客房前必不可少的程序。

（1）客房状态。

客房状态可以分为以下几种，如表 2－1 所示。

表 2－1　客房状态

客房状态	英文全称	英文简称	含义
走客房	Check Out	C/O	客人已经结账并离开房间
住客房	Occupied	OCC	客人正在住用的房间
空房	Vacant	V	前夜没有客人住宿的房间
维修房	Out of Order	OOO	房间设施设备发生故障，暂不能出租
外宿房	Sleep Out	S/O	客房已被租用，但客人昨夜未归
请勿打扰房	Do not Disturb	DND	该房间的客人不愿意受到任何打扰
贵宾房	Very Important Person	VIP	该房间的客人是酒店的重要客人
长住房	Long Staying Guest	LSG	长期由客人包租的房间
请即打扫房	Make up Room	MUR	客人要求立即打扫的房间
准备退房	Expected Departure	E/D	客人应在当天中午 12 点以前退房，但现在还未结账退房的房间
未清扫房	Vacant Dirty	VD	没有经过打扫的房间
已清扫房	Vacant Clean	VC	已经清扫完毕，可以重新出租的房间

（2）不同状态客房的清洁要求。

1）简单清扫的客房。如空房，一般只需要通风、抹尘、放掉水龙头等积存的陈水。

2）一般清扫的客房。如长住房。

3）彻底清扫的客房。如走客房、住客房和贵宾房。

3. 确定清洁顺序

客房的清洁顺序不是一成不变的，应视客情而定。因此，服务员在了解自己所负责清洁的客房状态后，应根据开房的轻重缓急、客人情况和领班或总台的特别交代，决定当天客房的清洁顺序。

（1）一般情况下应按下列次序清洁房间，如图 2-2 所示。

图 2-2　一般情况下客房清洁顺序

（2）开房较为紧张时，次序可稍作变动，如图 2-3 所示。

图 2-3　开房紧张时客房清洁顺序

4. 准备房务工作车和清洁工具

房务工作车是客房服务员清洁整理房间的重要工具。房务工作车的准备步骤如表 2-2 所示。吸尘器是客房不可或缺的清洁工具，使用前，要检查各电线是否绕好、是否有漏电现象及是否好用。房务工作车和清洁工具的准备工作，应该在每天下班前做好，第二天进房前还要再检查一次。

表 2-2　房务工作车的准备步骤及要求

步骤	操作要求
1. 清洁工作车	用半湿的毛巾将工作车里外擦拭干净，并检查工作车有无损坏
2. 挂好布草袋和垃圾袋	将布草袋和垃圾袋分别挂在工作车的两侧
3. 放置干净布草	将干净的布草分别放入工作车的格中
4. 将客房用品摆放在工作车中	将客房用品摆放在工作车的顶架上
5. 准备清洁桶和清洁用具	将清洁桶放置在工作车的最底层外侧，内放清洁用具
6. 准备干净抹布	准备干净的抹布若干条，可以用不同颜色区分

四、走客房的清洁步骤

为避免重复劳动，节省工作时间，提高效率，在保证客房清洁质量的前提下，走客房的清洁步骤应如图 2-4 所示。

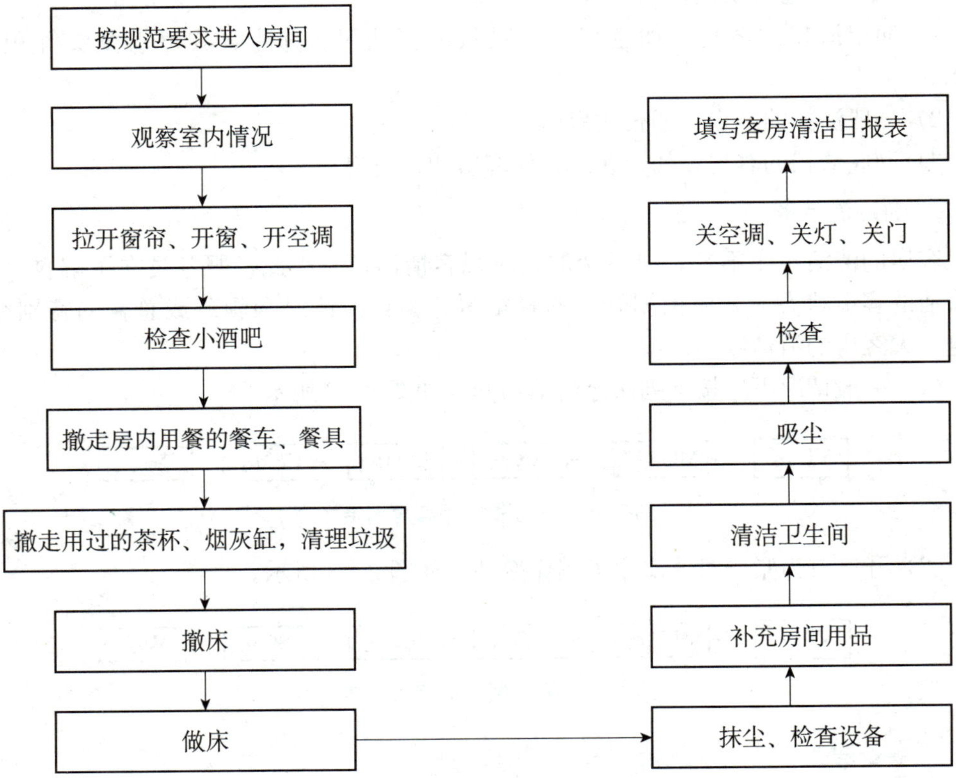

图2-4　走客房的清洁程序

（1）按规范要求进入房间。客房服务员进入房间时的操作规范如表2-3所示。

表2-3　进入客房的规范要求

序号	步骤	动作规范	要求
1	敲门	手指微弯曲，以中指第二关节部位轻敲门二次，每次三下，并报称“Housekeeping”（相隔2～3秒钟）	勿用拳头或手掌来拍打门，要体现文明服务；敲门不可太急促，否则会令客人感到服务员冒失；报称的声调要适度，报称时不要垂下头或东张西望
2	按门铃	按铃，清晰地报称“Housekeeping”，并等待客人反应	切忌急促地连续按门铃数下，应有节奏及适当的间隔；报称要求同上
3	反应	如听到客人有回音，服务员应说“我是客房服务员，请问我能现在进来为您清洁房间吗”，并等客人开门；如房内无反应，服务员方可用钥匙开门，并再次报称“Housekeeping”	姿势要自然，即使遇上客人也不失大方；切忌用力拉门锁把手，以免造成损坏
4	开锁	手持磁卡，对准匙孔平衡插至尽头，停留时间约1秒钟，然后拔出，门锁显示灯亮绿灯，方可向下转动门锁把手，推开门后应将磁卡放回衣袋	开门后，磁卡须马上放回衣袋，以免丢失；在操作过程中，身体与门要保持30厘米的距离
5	开门	把门轻轻推开至门自动静止	切勿用力过猛，以免发出不必要的噪声

续表

序号	步骤	动作规范	要求
6	挂牌	打开房门后，把“正在清洁”牌从大的圆口处挂在门锁把手上，轻轻摆放平稳，然后巡视一遍房间，以确定房间是否有人或有什么特殊情况	挂牌要轻、稳，以免碰坏门或发出不必要的噪声
7	填表	转身到房门外布草车旁，在卫生班报表上填写开始做房的时间	及时填写表格，确保原始记录的准确性

（2）观察室内情况。主要是检查客人是否有遗留物品和房内设备用品有无丢失与损坏，以便及时报告客房服务中心或主管。将客房里的灯具开关打开，检查灯具是否有损坏。检查后随手将灯关上，一旦发现灯泡损坏，立即通知维修人员前来更换。

（3）拉开窗帘、开窗、开空调。打开窗帘时应检查有无脱钩和损坏情况。必要时应打开空调，加大通风量，保证室内空气的清新，同时检查空调开关是否正常。

（4）检查小酒吧。客人如果饮用了饮料，服务员应填写酒水单，并及时补齐差额。

（5）撤走房内用餐的餐车、餐具。

（6）撤走用过的茶杯、烟灰缸，清理垃圾。

1）将烟灰缸里的烟灰倒入垃圾桶内，在浴室内将烟灰缸洗净，用布擦干、擦净（注意不要有未熄灭的烟头），不能将烟头等脏物倒入马桶内，避免将马桶堵塞。

2）收拾桌面和地面的垃圾，将垃圾放进垃圾桶或纸篓中。

3）清理纸篓（垃圾桶）。倒纸篓时，可先检查纸篓内是否有一些有价值的东西，若有则不要倒掉。清理套有垃圾塑料袋的纸篓时，应直接把垃圾袋取出倒入清洁车的垃圾桶中。如发现有刮胡刀片或玻璃片等锐利弃物，应及时单独处理。

（7）撤床。撤床的动作规范如表 2－4 所示，要注意以下几点：

1）在撤床单时，要抖动几次，确认里面无衣物或其他物品。

2）若发现床单、褥垫等有破损及受污染情况，立即报告领班。

3）注意不要把布草扔在地毯或楼面走道上。

4）撤下用过的床单和枕套。

5）收去脏布草后带入相应数量的干净布草。

（8）做床。又称为铺床，具体操作如表 2－4 所示。

表 2－4 撤床与做床（西式）的程序与要求

序号	步骤	动作规范	要求
1	撤床	（1）先在床尾处将床单全部拉出，然后撤毛毯，从床尾处向后把毛毯拉出并放于圈椅上 （2）撤床单 （3）撤枕套。双手握住其尾部，开口处向下，提起使枕套与枕芯分开，然后将枕芯放于圈椅上	（1）床单要一张张撤，仔细检查是否夹带有客人物品 （2）脏床单要卷好放在布草袋里，不要放在地上 （3）切忌将脏床单和干净的床单混放，以免沾染细菌

续表

序号	步骤	动作规范	要求
2	带入干净床单、枕套	把所需的干净床单、枕套等物品带入房间	在带铺床所需要的干净布草时，注意不要夹带脏物品
3	拉床	服务员自然地站在床头前的中间位置，双手把床拉开，使之距床头板 50 厘米，并检查和整理好床垫与保护垫	铺床前应注意检查床垫和保护垫，发现有弄脏的要及时更换并清洗；注意每一个细小动作都会影响卫生的质量
4	铺第一条床单	(1) 打单。将叠好的床单打开，一只手抓单尾呈抛物线形将床单拉开，使其正面向上 (2) 抛单。一只手抓单尾，以平衡力向床尾抛出 (3) 甩单。根据床单的“三线”，以中线为中心线，左右手分别抓住平行于中线的左右两线，把双手轻轻举起，向前向上甩单 (4) 定位。在床单下落时，下压定位，双手顺势把抓住的床单整齐拉至床垫底部，中折线居中，床单四边自然下垂 (5) 包角。从床头开始，将床的四个角包成 90 度或 45 度角，将床单四边塞入床垫下面	如发现床单有污迹或破损应及时更换。不要用力太猛，注意要将单尾打开弄散。注意床单的正面向上，床面平整。床单在熨洗后，一般都折有三条直线，中间的为中线，需注意掌握好
5	铺第二条床单	方法同上	注意床单的正面向上，中线与第一张单重叠，床头部分长出床垫 5 厘米
6	铺毛毯	(1) 抓住毛毯一边的两侧，把毛毯提起至胸前，双手把毛毯向前平抛，然后让毛毯自然下落，手抓毯子向后拉平。毛毯距离床头 25 厘米 (2) 将第二条床单床头部分折起盖住毛毯 (3) 将两侧的毛毯和床单一起分别塞入床垫下 (4) 到床尾将边塞入床垫下，同时将两角包好	铺毛毯时要保持外观的平整，无褶皱，商标应在床尾向上。注意单头包角应成 90 度角，这样才能使整张床显得挺括、整齐、美观
7	装枕套	抖开枕套平放在床上，将枕芯对折，右手抓住枕芯前部，左手把枕套口张开，用右手所拿枕芯压住枕套口下边，把枕头套入枕套内。两手抓住枕套口上下抖动，使枕芯全部装入到位，并封好口	套枕套前要注意检查枕芯是否有污渍、破损，并随时更换
8	放枕头	把枕头平放在床头中间，离床头边缘 5 厘米，整理好四角	注意两张单人床枕套的开口方向要反向于床头柜；双人床则开口相对套

续表

序号	步骤	动作规范	要求
9	铺床罩	从床尾开始铺床罩，然后把床罩左右及尾部饰布自然放下，在床头与毛毯齐口处，把床罩复折，将床罩铺在枕头下，把床罩多余部分塞在两个枕头之间，并整理好枕线	床罩一定要平整、无褶皱，而且遮盖住枕头，才能显得美观
10	将床复位	双手轻轻托起床尾，对正床头板的位置慢慢地把床推回原处，最后再查看一下	床头与床头板对称，注意床头要摆正在床头板的中间位置

(9) 抹尘、检查设备。从房门开始，按环形路线依次把客房各家具、用品擦拭干净，不漏擦。在除尘中注意需要补充的客用品数量，检查设备是否正常，注意擦拭墙脚线。

1）房门：房门应从上到下抹，将里外面抹净；把门镜、防火通道图擦干净；查看门吸是否灵活，“请勿打扰牌”、早餐牌有无污迹。

2）通风口与走廊灯：通风口和走廊灯一般是定期擦拭，擦走廊灯时应使用干抹布。

3）壁橱与冰箱：擦拭壁橱要仔细，要把整个壁橱擦净；抹净衣架、挂衣杆；检查衣架、衣刷和鞋拔子是否齐全；同时检查洗衣袋、洗衣单有无短缺；擦净小酒吧内外，检查冰箱运转是否正常、接水盆是否已满、温度是否适宜，并记住需要补充的物品。

4）行李架与写字台（化妆台）：擦净行李架内外，包括台面和挡板。擦拭写字台（化妆台）抽屉，逐个拉开擦，如果抽屉仅有浮尘，则可用干抹布“干擦”；擦净镜框、台面，从上到下，注意对桌脚和凳腿的擦拭，可用半湿抹布除尘；擦拭梳妆镜面要用一块潮的和一块干的抹布擦拭，操作时要注意安全；擦拭完毕，站在镜子侧面检查，镜面不要留有布毛、手印和灰尘等；擦拭台灯和镜灯时，应用干布擦去灰尘，切勿用湿布抹尘，如果台灯线露在写字台（梳妆台）外围，要将其收好尽量隐蔽起来，灯罩接缝朝墙；写字台（梳妆台）上如有台历，则需每天翻页；检查写字台（梳妆台）物品及服务夹内短缺物品，为添补物品做准备。

5）电视机：用干抹布擦净电视机外壳和底座的灰尘，然后打开开关，检查电视机是否有图像、频道选用是否准确、颜色是否适度。如有电视机柜则应从上到下、从里到外擦净。

6）地灯：用干抹布抹净灯泡和木架。

7）窗台：窗台先用湿抹布，然后再用干抹布擦拭干净。推拉式玻璃的滑槽如有沙粒，可用刷子加以清除。将玻璃窗和窗帘左右拉动一遍，检查其滑动性能。

8）沙发、茶几：擦拭沙发时，可用干抹布掸去灰尘，注意经常清理沙发背与沙发垫缝隙之间的脏物。茶几先用湿抹布擦去脏迹，然后用干抹布擦干净，保持茶几的光洁度。

9）床头板与床头柜：用干抹布擦拭床头灯泡、灯罩、灯架和床头挡板，切忌用湿抹布擦拭，擦完后，再次将床罩整理平整；检查床头柜各种开关，如有故障，立即通知维修；擦拭电话时，首先用耳朵听有无忙音，然后用湿抹布抹去话筒灰尘及污垢，用酒精棉球擦拭话机外壳；检查放在床头柜上的服务用品是否齐全、是否有污迹或客人是否用过。

10）装饰画与空调开关：用湿抹布擦拭画框，然后再用干抹布擦拭画面，摆正挂画；如果服务员身高不够，需要借助其他物品增高，应注意垫一层干净的抹布或脱鞋操作，防止弄脏其他物品。用干抹布擦去空调开关上的灰尘。

（10）补充房间用品。按酒店规定的数量和摆放规格添补及摆放客用品。

（11）清洁卫生间。卫生间的清洁程序如图 2-5 所示。

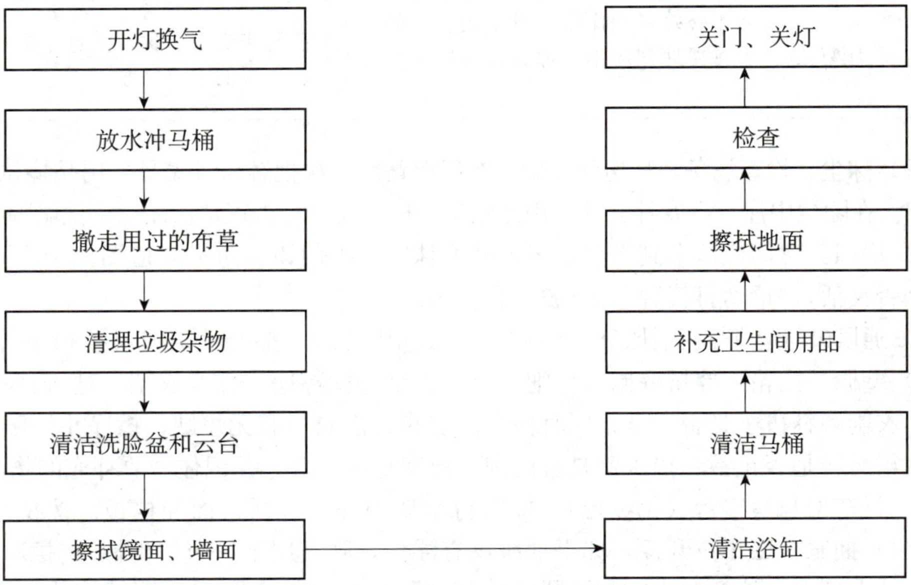

图 2-5　卫生间的清洁程序

（12）吸尘。吸尘按地毯表层的倾倒方向进行，由内向外，注意沙发下和窗帘后、门后等部位均要吸到，同时拉好纱帘，关好玻璃窗，调整好家具摆件。

（13）检查。离开客房之前自我检查和回顾一遍，看是否有漏项、家具摆放是否正确、床是否美观、窗帘是否拉到位等。如发现有遗漏及时补漏或纠正。

（14）关掉空调和总电开关，然后将房门锁好。

（15）填写客房清洁日报表（见表 2-5）。每间客房清洁完成后，都要认真填写清扫的进出时间，布草、服务用品、文具用品的使用和补充情况以及需要维修的项目等。

表 2-5　客房清洁日报表

楼层：　　　区域：　　　服务员：　　　领班：　　　　　月　日

清洁客房				撤换布件数量						补充日耗品数量													
房号	房态	时间		床单	枕套	浴巾	面巾	地巾	方巾	购物袋	信封	信笺	茶叶	针线包	擦鞋纸	洗衣袋	沐浴液	洗发液	牙具	香皂	梳子	卫生纸	面巾纸
		进	出																				
计划卫生：								维修要求：								备注：							

五、住客房的清洁步骤

住客房清洁的具体内容和程序大致与走客房相同，但因客房仍然处于客人使用状态，在清洁时要注意以下几点：

1. 客人在房间

（1）进入客房前先按门铃或敲门，房内无人方可直接进入客房，若客人在房间，应礼貌问好，主动征求意见，得到允许后方可进房进行清扫；

（2）如果客人暂不同意清理客房，将客房号码和客人要求清洁的时间写在工作表上；

（3）清洁时将客人的文件、杂志、书报稍加整理，但不能弄错位置，更不准翻看；

（4）除放在纸篓里的东西外，即使是放在地上的物品也只能替客人做简单的整理，千万不要自行处理；

（5）客人放在床上或搭在椅子上的衣服，如不整齐，可挂到衣柜里，睡衣、内衣也要挂好或叠好放在床上，女宾住的客房更需小心，不要轻易动其衣物；

（6）擦壁柜时，只搞大面卫生即可，但注意不要将客人衣物搞乱、弄脏；

（7）擦拭行李架时，一般不挪动客人行李，只擦去浮尘即可；

（8）对女性用的化妆品，只需稍加整理，但不要挪动位置，即使是用完的化妆品也不得将空瓶或包装盒扔掉；

（9）要特别留意不要随意触摸客人的照相机、计算机、笔记本和钱包之类的物品，以免引起不必要的麻烦；

（10）客房如需更换热水，注意水温不低于 90 度，新的水瓶注意擦拭干净，如使用电热水器，则应换新水，以免产生水垢；

（11）客房整理完毕，客人在客房时，要向客人表示谢意，然后退后一步，再转身离开客房，轻轻将房门关上。

2. 客人中途回房

在清扫工作中，遇到客人中途回房，要主动与客人打招呼，征求客人意见，询问是否可以继续清洁。若未获允许，应立即离开房间，待客人外出后继续进行。若客人同意，应迅速把房间清洁干净，离开时应向客人表示谢意，然后退后一步，再转身离开客房，轻轻将房门关上。

3. 房间电话铃响

为了表示对客人的尊重以及避免一些不必要的误会和麻烦，在清洁客房时，即使电话铃响，也不应接听。

4. 损坏客人物品

在清洁住客房时，万一不小心损坏了客人的物品，服务员应及时报告主管，并主动向客人赔礼道歉。若是贵重物品，应由主管陪同前往，征求客人意见。如果客人要求赔偿，应根据具体情况，由客房部出面予以赔偿。

5. 小整理服务

小整理服务可以体现酒店的优质服务，目的是让外出回房的客人有一种清洁舒适的感觉，对酒店留下良好的印象。

（1）更换卫生间用过的“四巾”、杯具等；

（2）刷洗客人用过的浴缸、洗脸盆、马桶；

（3）清理垃圾杂物；

（4）按规范整理客人睡过的床，但不必更换床单；

（5）将家具摆放的位置复原，把衣柜门关好，拉好窗帘；

（6）VIP 客人的香皂，应予以更换；

（7）清点耗用的迷你吧酒水，并做好记录。

练一练

在客房清洁方面，铺床是非常重要的一项工作，目前大多数酒店采用西式铺床，请按照西式铺床的程序和标准完成西式铺床操作（附评分表）。

西式铺床操作评分表

程序	标准及要求	得分
拉床（10 分）	服务员自然地站在床头前的中间位置，弯腰、双手用力把床拉开，使之距床头板 50 厘米，并检查和整理好床垫与保护垫	
铺床单（25 分）	1. 打单。将叠好的床单打开，一只手抓单尾呈抛物线形将床单拉开，使其正面向上 2. 抛单。一只手抓单尾，以平衡力向床尾抛出 3. 甩单。根据床单的“三线”，以中线为中心线，左右手分别抓住平行于中线的左右两线，把双手轻轻举起，向前向上甩单 4. 定位。在床单下落时，下压定位，双手顺势把抓住的床单整齐拉至床垫底部，中折线居中，床单四边自然下垂	
包角（25 分）	1. 从床头开始，将床的四个角包成 90 度或 45 度角 2. 将床单四边塞入床垫下面 3. 包边包角后，床单无褶皱	
套被罩（10 分）	1. 将干净的被罩套在羽绒被上，四角饱满 2. 将有被罩的羽绒被平铺在床上，整理平整	
打枕线（10 分）	1. 将被头反折一个枕头的宽度，约 30 厘米 2. 被面平整，无褶皱	
装枕芯（10 分）	1. 抖开枕套平放在床上 2. 将枕芯对折，右手抓住枕芯前部，左手把枕套口张开，用右手所拿枕芯压住枕套口下边，把枕头套入枕套内 3. 两手抓住枕套口上下抖动，使枕芯全部装入到位，并封好口	
将床复位（10 分）	双手轻轻托起床尾，对正床头板的位置慢慢地把床推回原处，最后再查看一下	
合计		

知识延伸

由于各酒店要求不同，铺床的方法多种多样，可分为西式铺床和中式铺床。西式铺床线条突出、平整美观，中式铺床简洁、方便、卫生，两者各有优劣，具体对比如表 2-6 所示。

表 2-6 中西式铺床对比

项目	西式铺床	中式铺床
操作与用户体验	❖ 优点： 线条突出，造型规范，平整美观 ❖ 不足： 1. 由于床单和毛毯包边包角后紧压在床垫下，睡觉时要费劲将床单拉出来，用脚使劲蹬，才能钻进去，给客人带来了不必要的麻烦 2. 毛毯和床罩不能经常洗，容易沾染灰垢和细菌	❖ 优点： 1. 取消了床单和毛毯包边包角的方法，将套好棉芯的被套直接铺在床上，客人把被子一掀，就可以入睡，很方便 2. 由于被套是一客一换洗，也很卫生 ❖ 不足： 没有包边包角造型，床面不如西式铺床平整美观
物品成本	❖ 按三星级酒店配置： 西式铺床所需用品一套，含床单 2 条、被套 1 条、被芯 1 个、枕套 2 个、枕芯 2 个、毛毯 1 条和床罩 1 个，合计 856 元	❖ 按三星级酒店配置： 中式铺床所需用品一套，含床单 1 条、被套 1 条、被芯 1 个、枕套 2 个和枕芯 2 个，合计 331 元
人力成本	按行业定额标准，一个服务员每天应做西式铺床不少于 13 间房	按行业定额标准，一个服务员每天应做中式铺床不少于 15 间房

活动 3 计划卫生

情境导入

关于清洁卫生的疑问

场景：客房楼层

角色：客房服务中心王领班、客房服务员小陈

情境：小陈在了解了房间清洁的相关程序和要求后，略有思索，心中产生了一个疑问，便虚心向王领班请教。

小陈："王领班，您好！我有一个问题，想请你帮我解答下，可以吗？"

王领班："小陈，你说。"

小陈："客房清洁的工作量非常大，像有些空调通风口、排气扇、天花板我们不能

每天都清洁，这些地方的清洁卫生怎么处理呢？”

王领班：“小陈，这个问题问得非常好。其实，酒店客房除正常的客房清洁外，我们还会安排计划卫生。”

任务：请以小陈的身份，学习客房计划卫生相关工作。

一、客房计划卫生的内容

所谓计划卫生是指客房部在日常清洁卫生的基础上，拟订一个周期性清洁计划，采取定期循环的方式，对平时不易做到或不易做彻底或不必每日都做的卫生项目进行彻底的清洁和维护保养，以保证负责区域的洁净、维持设施设备的良好状态。客房计划卫生主要包括地面保养（地板打蜡、清洗地毯）、家具设备设施保养（木制家具打蜡，翻转床垫，冰箱除霜，擦拭铜器具、顶灯、烟雾报警器、空调出风口、门窗玻璃等）、除尘消毒（清洗浴帘、窗帘，地漏喷药，墙壁清洁）等内容。

二、客房计划卫生的组织与实施

各酒店客房维护保养的计划虽然不尽相同，但基本上可以分为定期和不定期两类，需要制订每月、每季、每年的周期计划。客房部要制订计划卫生表（如表 2 - 7 所示），安排服务人员实施，并由领班检查计划的落实情况。

表 2 - 7　客房计划卫生表

保养项目/预计时间	1月	2月	3月	4月	5月	6月	7月	8月	9月	10月	11月	12月
1. 房门铜牌												
2. 家具打蜡												
3. 电话消毒												
4. 冰箱保养												
5. 翻床垫												
6. 清洁地毯												
7. 擦拭玻璃窗												
8. 通风口除尘												
9. 天花板除尘												
10. 金属器件抛光												
11. 墙纸、墙布除尘												
12. 排风扇除尘												
13. 毛毯、床罩清洁												

1. 制定计划卫生日程

客房计划卫生一般可以分为每日计划清洁、季节性及年度计划清洁。每日计划清洁是指在完成日常的清洁整理工作外，每天都有计划地对客房某一部位进行彻底清洁。

季节性及年度计划清洁范围较大、时间较长，一般安排在经营淡季进行，并且要与前厅部、工程部密切合作，以便实行封楼层及对设备进行检修。

2. 准备计划卫生工具

每次做计划卫生前必须做好准备，所需工具主要包括梯子、安全带、清洁剂、干湿抹布、刷子等。具体需要哪些清洁工具和用品，必须根据每次计划卫生的具体地点、场所和清洁项目来确定。

3. 做好计划卫生的组织实施工作

在制定好的计划卫生日程的基础上，一般由客房楼层主管或领班来组织实施，主要是安排每天计划卫生的人员、时间、工具用品使用等，以保证计划卫生工作的落实。

4. 加强计划卫生检查

客房计划卫生完成后，纳入整体卫生检查中，由领班、主管检查以保证计划卫生质量。客房计划卫生项目检查评分表见表 2-8 和表 2-9。

表 2-8　客房计划房间卫生项目检查评分表

项　目	分值	得分
门（面、框、锁眼、房号、把手、窥视镜、防火通道图）无积灰和污迹	6	
门吸无积灰	2	
鞋篓、小酒篮无灰尘	6	
过道顶板无灰尘	6	
新风口无灰尘	6	
冰箱柜内外无积灰和杂物	4	
组合柜抽屉内外无积灰和杂物	6	
电视机及转盘无积灰	6	
窗玻璃、窗帘无灰尘污迹	6	
垃圾桶内外无污垢、斑迹	4	
茶具、茶叶缸底部无污垢、斑迹	6	
家具缝、沙发缝内清洁无杂物	8	
地毯边缘（含家具四周）无积灰	12	
墙纸、地毯无斑迹	4	
床底无灰尘、杂物	8	
窗帘整齐、不脱钩，床脚无积灰	6	
壁橱顶无积灰	4	
合计	100	

表 2-9　客房计划卫生间卫生项目检查评分表

项　目	分值	得分
门（面、框、锁眼、把手）无积灰和污迹	6	
皂碟无污迹	8	

续表

项　目	分值	得分
金属器（晾衣绳盒、龙头、开关）无污迹和水渍	12	
马桶内外无污迹	12	
水箱内部无泥沙，外部无斑迹	8	
镜框除锈、上油	6	
浴帘无污迹，边缘无破损	8	
天花板无黄迹	6	
取暖灯无斑迹	8	
装饰板无斑迹	14	
人体秤套无灰迹、斑迹	6	
垃圾桶内外无污垢、斑迹	6	
合计	100	

5. 注意计划卫生安全

计划卫生常常需要高空作业，如清洁门窗玻璃，要站在窗台上；清洁高处灯管、墙角、天花板，必须用扶梯等。因此，计划卫生一般两人一组，在充分运用安全带、扶梯、凳子，有人保护，确保安全的基础上进行，防止事故发生。

想一想　为什么要做好客房计划卫生？

点评：客房计划卫生是对日常清洁中不能每天清洁整理的地方，以定期或周期性循环方式来完成的清洁保养工作，做好计划卫生有如下意义：

1. 保证客房的清洁卫生质量

客房服务员每天清洁工作繁重，对客房的通风口、天花板、门窗玻璃等部位不能每天都清洁彻底，因此需通过客房计划卫生来对卫生死角和平时容易忽视的部位进行彻底的清洁整理，来保证客房的清洁卫生质量。

2. 维持客房设施设备的良好状态

有些家具设备不需要每天都进行清洁整理，但必须进行清洁保养，例如，电冰箱除霜一般是半个月进行一次。做好客房计划卫生可以维护客房家具设备的良好状态，保证客房的正常运转。

知识延伸

客房计划卫生的注意事项：

（1）注意洗涤剂、洗衣液的使用，掌握使用方法，特别是腐蚀性强的剂、液，更要小心。

（2）移动家具、设施时要小心，注意不要碰坏、划坏其他物品。不要用硬质工具清洁家具陈设，以防损伤。

（3）将电器设备的电线折叠放好，以防绊倒人。

（4）使用电器工具不可赤足、湿手，注意防止触电。

（5）清理的脏物集中堆放。

（6）清洁卫生间或地面时，不让线头、烟头、果核、头发等物品流进排水管道，以防堵塞。

（7）清洁时如发现有螺杆等小五金件先收拾保管好，待查出原因后再处理。

（8）拆洗贵重物品应知会相关部门协助。

课后练习

一、简答题

1. 客房的清洁原则是什么？
2. 什么叫计划卫生？

二、请说出以下英文简称所代表的客房状态，并对其含义进行说明

英文简称	客房状态	含义
C/O		
OCC		
V		
OOO		
S/O		
DND		
VIP		
LSG		
MUR		
E/D		
VD		
VC		

典型任务二　提供对客服务

学习目标

1. 了解对客服务的模式。

2. 掌握加床服务、客房小酒吧服务、擦鞋服务、开夜床服务、送洗服务、托婴服务等对客服务的操作程序和要求。

预备知识

所谓设立楼层服务台就是在客房楼层的适当位置（如电梯厅出入口等处）设置专门的服务台，配备专职的服务员值台，负责本楼层的各项对客服务工作。这是我国酒店客房服务的特色之一。现在，不仅普通的老酒店仍然保留这种模式，一些高档酒店也在改进创新地采用这种模式，使之成为吸引客人的闪光点。例如，一些酒店设立行政楼层、商务楼层，在这些楼层设立多功能服务台，为客人提供多种类、全方位的服务，包括办理客人的进店、离店、结账手续，为客人提供商务服务和贴身管家服务等。采用这样一种服务模式，服务员能够及时地、直接地了解客人的需求，为客人提供规范性与针对性相结合的面对面服务，使服务工作快捷高效，富有人情味，同时有利于加强客房楼层的安全管理。但由于楼层服务台需要专人照看，人力投入就会较多，而且，对专职值台员素质要求也很高，他们必须能够胜任楼层的各项服务工作。

活动 1　加床服务

情境导入

加床服务

场景：客房楼层

角色：客房楼层王领班、客房服务员小陈

情境：小陈通过两周的客房清洁练习后，已能按照要求熟练地对住客房和走客房进行清洁。但要想成为一个合格的客房服务员，只会清洁工作还远远不够，对客服务工作也是非常重要的一部分。

王领班："小陈，通过两周的学习，你完全可以在客房清洁独当一面了，接下来你的主要任务就是学习如何做好对客服务。今天我们要学习的就是其中一项——加床服务。"

小陈："好的，谢谢王领班。"

任务：请以小陈的身份认真学习客房服务员做好加床服务的操作程序和要求。

一、客房加床的操作程序及标准

加床服务的操作程序一般包括加床准备、摆放加床、做床、增加物品等，具体操作标准如表 2－10 所示。

表 2－10　客房加床的操作程序及标准

序号	程序	标　准
1	加床准备	(1) 接到通知后，在工作单上做好记录 (2) 备好所需的床、床单、枕头或婴儿被、枕套等物品 (3) 检查加床各部件是否能正常使用
2	摆放加床	(1) 如果客人在房内，主动询问客人，按客人要求摆放好加床 (2) 如客人无特别要求，则移开沙发、茶几，将床摆放在靠窗一边的空处，与另外二床平行
3	做床	加床做法与普通床做法相同
4	增加物品	加床完毕后还应为客人增加一套用品，毛巾除地巾外各增加一块，其余易耗品各增加一件，并将布草、水杯等物品的增加数记录交班

二、客房加床的注意事项

1. 加床需与前台和客服中心联系

加床服务是客房部提供的服务项目之一。有时客人会直接向楼层服务员提出加床服务要求，客房部服务员应礼貌地请客人到总台办理有关手续，不可随意答应客人的要求，更不得私自向客人提供加床服务。

2. 客房加床的种类和配备的物品

客房加床一般分普通加床和婴儿床两类，其中普通加床一般需收取费用，物品按酒店操作标准配备，包括床、床单、枕头、被子、枕套等，婴儿床一般不收取费用，物品只配备布草。

练一练

情境模拟：805 的客人走出房间门，在走廊刚好碰到你路过，他向你提出要求说 805 房间要加一张床，作为客房服务员，你应当如何处理？（附评分表）

客房加床操作评分表

项目	要求	得分
引导客人办理手续（20 分）	1. 礼貌回答客人问题 2. 正确引导客人到总台办理有关手续	
加床准备（15 分）	1. 接到通知后，在工作单上做好记录 2. 备好所需的床、床单、枕头或婴儿被、枕套等物品 3. 检查加床各部件是否能正常使用	
摆放加床（25 分）	1. 如果客人在房内，主动询问客人，按客人要求摆放好加床 2. 如客人无特别要求，则移开沙发、茶几，将床摆放在靠窗一边的空处，与另外二床平行	
做床（25 分）	加床做法与普通床做法相同	
增加物品（15 分）	加床完毕后还应为客人增加一套用品，毛巾除地巾外各增加一块，其余易耗品各增加一件，并将布草、水杯等物品的增加数记录交班	
合计		

知识延伸

加床的费用每个酒店的价格和收取标准都可能不一样。星级酒店在接待客人时，对于客人小孩加床的费用，必须根据市物价局出台的收费标准收取，一般收费标准如下：身高在 1.3 米以下的小孩与大人共住不收加床费；身高超过 1.3 米的小孩加床按房价 30%～50%收取。

活动2 客房小酒吧服务

情境导入

小酒吧服务

场景：客房楼层

角色：客房楼层王领班、客房服务员小陈

情境：在王领班的带领下，小陈很快就学会了加床服务。此时，王领班站在客房冰箱前。

王领班："小陈，你知道这个冰箱是做什么用的吗？"

小陈："我做卫生的时候，发现里面存了各种酒水，是供客人使用的吧。"

王领班："对，是供客人使用的。这是小酒吧账单，客人的消费记录都要登记到上面。小酒吧看似简单，但其实我们背后的服务一点都不简单呢。"

任务：请以小陈的身份，学习小酒吧服务的操作流程。

一、客房小酒吧服务的操作程序及标准

为了方便客人，大部分酒店都在客房内安放了冰箱（一些高档酒店还在客房内设有小型吧台）向客人提供适量饮料，并在适当位置放置烈性酒，备有饮具和酒水单。在国际酒店业，客房小酒吧在设立初期，大多由餐饮部负责管理和服务。近年来，在国内酒店，客房小酒吧逐步转由客房部管理。客房部管理客房小酒吧可以减少跑账和打扰客人的次数，增加安全系数并便于沟通协调。

客房小酒吧服务的操作程序及标准如表2-11所示。

表2-11 客房小酒吧服务的操作程序及标准

序号	程序	标准
1	酒水供应与推销	(1) 充分供应各种酒类、软饮料与小吃 (2) 为入住客人介绍客房设备与服务项目的同时准确推销客房酒水
2	走客房酒水检查	(1) 接到客人离店通知，掌握客人姓名、房号、结账时间，迅速进房巡视，检查离店客人酒水、饮料消耗情况 (2) 认真填写账单，记录清楚，快速报告前厅收银处
3	住客房酒水检查与补充	(1) 客人住店期间，服务员及时到楼层领取补充酒水、饮料 (2) 准确填写酒单上客人所用酒水、饮料、小吃的数量、种类及客人姓名、房号、检查时间与检查人姓名，酒单报客房领班转交前厅及时挂账 (3) 每次查房后，服务员及时到楼层领取补充酒水、饮料 (4) 楼层酒水饮料领取、发放手续规范 (5) 每日制作客房酒水销售报告，保证账目清楚明确

二、客房小酒吧服务的注意事项

提供客房小酒吧服务时，客房服务员应注意以下事项：

(1) 如发现客人使用过小酒吧，应核对客人新填的酒水耗用单。

(2) 如客人填写有误，应注明检查时间，待客人回房时，主动向客人说明并更正；如客人没填写，应代客补填并签名和注明时间。

(3) 如客人结账后使用了小酒吧，应礼貌地向客人收取现金，并将酒水单的第一联作为发票交给客人，收取的现金连同酒单的第二联记账凭证及时交给收银处。

(4) 领取和补充小酒吧的酒水与食品时，要检查酒水的质量和饮料、食品的保质期。

练一练

案例分析：小冰箱收费的失误。

晚上7:15，总台收到住在818房间的客人要结账的通知。客人告诉服务员他第二天的时间非常紧，担心会误了飞往上海的航班，因为下午他要赶到浦东去参加一个重要的会议，希望收银处明天早点把他的账单打出让服务员送到他房间来，他看后就可以直接付款了，以便他利用这段时间收拾行李，节约时间。

第二天早上8:30，服务员把打出的账单送到了818房间。客人一看，发现有80元的费用出自他房间的小冰箱里的饮品，而那个小冰箱他压根儿就没打开过。他跟服务员说这个账单有误。服务员微笑礼貌地请求客人跟她一起到收银处去核查。

到了收银处，客人把账单指给收银员看，收银员回答说："请稍等，先生。我去找我的主管。"说罢，她转身去找主管了。几分钟后，她同另一位女士一起赶到了收银台，那位女士自我介绍说是值班主管，并问客人有什么事。显然刚才那位收银员并没有把情况向她讲清楚，客人回答说："我的账单有误。"于是那位主管和收银员一起仔细地审查起计算机屏幕上的账单。

几分钟过去了，来结账的客人越来越多，有些客人开始不耐烦起来。她们俩小声嘀咕一番以后，主管对客人说："对不起，请稍等，我去办公室把当值经理找来。"还没等客人开口，她俩就走开了。又过了三四分钟，值班经理出来了，她也很有礼貌："您确定没使用过小冰箱？我们很少出现这方面的失误。"此时此刻的客人又急又恼。值班经理让收银员从账单上扣掉80元，并感谢客人光临本酒店，随即转身走了。

9:15分，客人拿着收据，提起行李，疾步穿过大厅，走出门外，他气呼呼地叫了辆出租车，让司机火速赶往机场。他计算着时间，觉得很可能会赶不上这次航班，若是这样，就参加不了会议。想到这里，他预感到今天将会是非常不愉快的一天。

点评：本案例中酒店的过错主要有以下几方面。

一是客房当值服务员在退房时出了错。客房当值人员应该在接到客人离店通知后，认真检查离店客人的房间，看看酒店设备与用品是否齐全。如果客房里有小冰箱，客房服务员应该有礼貌地问问客人有没有用小冰箱里的东西，如果有，要及时记账。在本案例中，客房服务员没有做到这点。

二是前台收银员对客人的怠慢。前台收银员在遇到客人账单有误时，没有顾及客人的感受，只一味地顾着找自己的上级领导而把这位客人和其他客人一次又一次地晾在一旁。这是酒店业中的大忌，因为顾客就是"上帝"，"上帝"是不能怠慢的。

三是当班经理不肯认错。值班经理在知道是酒店出错时，对错误采取"不承认主义"，说"我们很少出现这方面的失误"。

知识延伸

客房部应制定一套检查客房酒水的制度，通过检查发现破损和过期酒水，具体实施方法如下：

（1）确定具体日期，对酒水进行全面检查。大部分酒店每月确定一个具体日期，对客房内全部酒水进行彻底检查。

（2）检查内容。主要检查各类酒水或小食品的包装是否符合要求、各类酒水是否有发挥现象，并对下一个月到期报损酒水和饮料进行登记。

（3）登记、归档、更换。通过检查对发现有问题的饮料和酒水应马上进行更换，对于数量过大不能马上更换的应进行登记，注明具体房号、酒水名称以及具体问题，以便日后进行更换。

（4）统一更换。对于有问题的大批报损酒水，统一报交酒水管理员，由酒水管理员统一报损和更换。

活动 3　擦鞋服务

情境导入

擦鞋服务

场景：客房楼层

角色：客房楼层王领班、客房服务员小陈

情境：上午 11 点 05 分，801 客房的张先生打电话到客服中心，说需要提供擦鞋服务，王领班便叫来小陈，刚好让小陈学习一下。

王领班："小陈，801客房的张先生需要提供擦鞋服务，你跟我一起去学习一下吧。"

小陈："好的，王领班。"

任务：请以小陈的身份认真学习客房服务员做好擦鞋服务的操作程序和要求。

一、擦鞋服务的操作程序及标准

为了方便客人，酒店会在客房内放置擦鞋纸，也有的酒店以自动擦鞋机取而代之。除此之外，客房服务中心也可根据客人要求提供擦鞋服务。在提供此项服务的酒店，客房壁橱中放置了标有房间号码的鞋篮，并在服务指南中告知客人，客人如需要擦鞋，可将鞋放入篮内，放在房间门口，由服务员收集到工作间，或者打电话通知客房服务中心前来收取。

擦鞋服务的操作程序及标准如表2-12所示。

表2-12 擦鞋服务的操作程序及标准

序号	程序	标准
1	收鞋	(1) 服务员在接到客人要求擦鞋的电话或通知后，应在酒店规定的时间内赶到客人房间收取鞋子，到工作间擦拭 (2) 收取皮鞋时，应在小纸条上写明房号放入皮鞋内，以防送还时出现差错
2	擦鞋	(1) 擦鞋时，先在鞋下垫上一张废报纸，将表面的尘土擦去 (2) 根据客人皮鞋的面料、颜色选择合适的鞋油或鞋粉，仔细擦拭、抛光 (3) 特别注意鞋底与鞋口边沿要擦净，不能有鞋油，以免弄脏地毯与客人的袜子 (4) 为避免差错，服务员一般只擦黑色皮鞋。若有其他颜色或特殊皮革制成的鞋，不能随意擦拭，可礼貌说明
3	送鞋	将擦净的鞋及时送至客人房间，如果客人不在，应将鞋子放于适当位置
4	记录	做好记录，注明房号、颜色、时间等，以备核查

二、擦鞋服务的注意事项

(1) 服务员在住客房工作时发现脏皮鞋，应主动询问客人是否需要擦鞋服务。如果客人不在，可先将皮鞋收走，留一张擦鞋单于门底缝隙处，让客人知道服务员正在为其擦鞋；如果皮鞋置于房间门口或鞋篮里，可直接收取到工作间。

(2) 若遇雨、雪天气，服务员应在客人外出归来时，主动询问客人是否需要擦鞋。

练一练

请按要求填写擦鞋服务登记表。

擦鞋服务登记表

日期	房号	鞋款	宾客	质地	颜色	擦鞋起始时间	擦鞋人	备注

知识延伸

擦鞋服务是旅游涉外酒店客房服务的项目，它的操作程序看起来简单，但有时技术难度还比较大。

第一，当客人需要擦鞋服务时，会将皮鞋放在壁柜的鞋篓里，或者打电话告诉客房服务中心或值班服务员。客房服务员在每天例行清洁时，应注意查看鞋篓有无摆放皮鞋；如果是客人打电话要求擦鞋服务，客房服务员则应尽快赶到客人房间收取皮鞋，并注意询问客人，需要在何时送回擦好的皮鞋。

第二，擦拭皮鞋工作要求服务员熟悉各种皮鞋及鞋油的性能，根据客人皮鞋的特性，选择适宜的鞋油和不同的方法，特别是高档皮鞋更应注意鞋油与擦拭方法的选择。如果服务员没有把握，就应向客人道歉，说明理由，不要接受这项工作。

第三，提供擦鞋服务可按酒店规定收取一定的费用也可免费。酒店为客人提供免费擦鞋服务，是其开展超值服务活动的内容。超值服务，是指酒店为客人提供超出其所付费用价值的服务，这种服务会给客人带来意外的惊喜和超值的享受。

活动 4　开夜床服务

情境导入

开夜床服务

场景：客房楼层

角色：客房楼层王领班、客房服务员小陈

情境：王领班拿着客房服务中心递交过来的夜床服务表，把小陈叫到了身边。

王领班："小陈，这是我们今天要完成的夜床服务表，你之前了解我们酒店开夜床的服务操作流程吗？"

小陈："听同事讲过，但自己没有真正操作过。"

王领班："没关系，今天我带你真正实操一次。"

小陈："好的。"

任务：请以小陈的身份认真学习客房服务员提供开夜床服务的操作程序和要求。

一、开夜床服务的操作程序及标准

开夜床服务的主要内容有房间整理、做夜床、卫生间整理、检查记录四项任务。此项服务通常在18:00以后开始，也可在客人到餐厅用晚餐时进行，或者按服务台的要求进行。

具体操作标准和程序如表2-13所示。

表2-13 开夜床服务的操作程序及标准

序号	程序	标准
1	房间整理	(1) 按规范要求进房，通报自己的身份和进房的目的，若客人在房间，应礼貌地询问客人是否要做夜床。如果客人不需要开夜床，服务员应在夜床表上做好登记 (2) 将报纸和热水瓶拿进房间，开灯，调好空调，轻轻拉上窗帘 (3) 更换用过的茶具 (4) 清理垃圾和烟灰缸 (5) 将家具、物品清洁干净
2	做夜床	(1) 将床罩撤下，叠好置于壁橱 (2) 把靠近床头柜一侧的盖单连同毛毯（或羽绒被）一起向外折成30度或45度角，以方便客人就寝 (3) 拍松枕头并将其摆正，如有睡衣应叠好置于枕头上，把拖鞋放置于沙发或床的一侧 (4) 按酒店规定在床头或枕头上摆放鲜花、晚安卡、早餐牌或小礼品等 (5) 标准间住一人时，开墙边靠近卫生间的一张床，方向应朝向床头柜；二人同住标准间，则分别开靠床头柜的一侧，也可根据客人习惯开床 (6) 如果有浴衣，则叠好放在床尾一角 (7) 如果有加床，则在这时打开整理好
3	卫生间整理	(1) 清洗使用过的面盆、浴缸、马桶 (2) 将地巾放在浴缸外侧的地面 (3) 将浴帘放入浴缸，并拉出1/3，以示意客人淋浴时应将浴帘拉上并放入浴缸内，避免淋浴的水溅到地面 (4) 整理或更换用过的毛巾，其他用品稍作整理 (5) 将卫生间门半掩，关灯
4	检查记录	(1) 检查是否有漏项，除夜灯和走廊灯外，关掉所有的灯并关上房门 (2) 如果客人在房内，不用关灯，向客人道别后退出客房，轻轻将房门关上 (3) 在开夜床报表上记录

二、开夜床服务的注意事项

开夜床服务是一种高雅而亲切的服务，其作用主要是方便客人休息，表示对客人的欢迎和礼遇规格。

（1）开夜床服务通常是18:00以后开始，因为这时客人大多外出用餐而不在房内，既可以避免打扰客人，又方便服务员工作。

（2）开床规则。如果是住一位客人的大床间，开有电话的一边；住两位客人，则两边都要开。如果是住一位客人的双床间，开有电话的一边；住两位客人，开有床头柜的一边。

（3）根据客房的类型提供赠品，以满足不同宾客的需求。

练一练

案例分析：酒店开夜床的方式。

下午三点多，莫小姐入住某酒店1801房间，因为公司业务的需要，她将在此逗留一周。莫小姐放下行李，休息了一会儿，近六点时到餐厅用餐。当她用餐完毕回到房间时，发现夜床已经做好，服务员为她开的是靠卫生间墙壁的一张床，床单和毛毯已经拉开一只角。莫小姐打开电视机，靠在开好的一张床上看电视，但觉得电视机的位置有些偏，不是很合适，于是又去将电视机的方向转至合适位置。第二天，莫小姐办完事情回到酒店已经是晚上七点左右，夜床已经做好。莫小姐惊奇地发现这次服务员为她开的是靠窗户的一张床，而且电视机也已经摆正。

点评：客房清洁工作中包含着服务的内容，这种服务虽然不像面对面的服务那样直接，但也体现着酒店员工对客人的关注。在本例中，莫小姐虽然没有看到过为她提供服务的人员，但一定感到了酒店对她的友好和关注。客房服务员从客人转动的电视机中了解到客人的要求——想看电视而方向不对，于是主动调整了第二天所开的夜床。

所以，在酒店服务中，只要服务人员有心，即使是开夜床这样的常规工作也可以做得更加出色，让客人感到酒店对他们的尊重，进而赢得客人。如本例中的夜床服务，有些酒店为体现对客人的尊重，规定不知道客人喜欢睡哪张床时，可以开靠卫生间墙壁的床，但同时要求员工清洁客房时注意观察，记录客人睡过的是哪张床，第二天就开客人喜欢的床。

实际上，酒店中类似的服务很多，如尊重住店客人对空调温度、电视频道、物品摆放位置等的选择，不轻易做出调整。这些具体的做法虽然好像微不足道，但对客人而言正是这种细致温馨的服务让其感动，因为这些工作为他们提供了方便，让他们觉得更舒适。

知识延伸

如果客房挂有“请勿打扰”牌或门反锁，可从门下塞入“夜床服务卡”，如图 2-6 所示。

Dear Guest
□The “Do not Disturb” sign was hung.
□Your door was latched from inside.
If you like us to return for night service, or if you need any extra supplies, please dial 8. Thank you.
Housekeeping
Room №:　　　　　Attendant:
Time:　　　　　Date:

图 2-6　夜床服务卡

活动 5　送洗服务

情境导入

送洗服务

场景：客房楼层

角色：客房楼层王领班、客房服务员小陈

情境：客房服务中心通知客房服务员到 508 房间收取客衣，王领班便叫上小陈一起过去学习。

王领班：“小陈，508 房间客人需要提供洗衣服务，我带你一起过去，你学习一下具体的操作流程。”

小陈：“好的。”

任务：请以小陈的身份认真学习客房服务员做好送洗服务的操作程序和要求。

一、送洗服务的操作程序及标准

酒店提供优质的送洗服务对提高客人对客房工作的满意度具有非常重要的意义。在对客服务工作中，送洗服务比较容易引起客人投诉，所以，客房服务员一定要详细掌握酒店送洗服务的操作程序和要求，具体如表 2-14 所示。

表 2-14　送洗服务的操作程序及标准

序号	程序	标　准
1	收取客衣	(1) 按正常程序敲门进房，同时询问“您好！请问有衣服要洗吗” (2) 仔细检查与核对客人要送洗的衣服，看数量是否与洗衣单上一致 (3) 检查衣物是否有破损、特殊污迹，如有偏差应向客人说明 (4) 检查确认有无特殊洗涤要求 (5) 核对洗衣单，确认是否已按要求填写，并由宾客签名确认 (6) 将洗衣袋袋口扎好，送到指定地点或工作间
2	送还客衣	(1) 按正常程序敲门进房，说明来意，如“您好！您的衣物已经洗好，请查收” (2) 如果客人不在房间，应将客衣送入客房并按规范放在明显的位置 (3) 发现“请勿打扰”牌或者双锁时不得打扰客人

二、送洗服务的注意事项

在收取客衣的过程中，要特别注意以下问题：

(1) 在接到客人的洗衣要求后，服务员应迅速前往客人房间收取客衣。

(2) 凡是放在床上、沙发上，未放在洗衣袋内的衣服，未经客人吩咐不能收取。

(3) 检查洗衣袋内是否有洗衣单，洗衣单上的房号是否与实际房号一致，单上的有关项目的填写是否符合要求，衣服的数量是否正确。

(4) 服务员收取客衣时必须仔细清点件数，检查衣袋里是否有遗留物品、纽扣有无脱落、有无严重污渍或破损。

(5) 不要将客衣随意乱放，不要把洗衣袋放在地上拖着走，要爱护客人的衣服，对于需熨烫的高级时装，应用衣架挂好。

(6) 楼层服务员发现客人把洗衣袋挂在门外后，要将其收至楼层工作间并电话告知客衣组。

(7) 收到的所有送洗衣物均需记录在“客衣收取记录表”上。

(8) 接收客衣后，客房服务中心应立即通知洗衣房前来收取客衣，并按规定与洗衣房收发员进行交接。

(9) 客衣送回房间前，要仔细检查是否干净，确认干净后方可送回。

(10) 未能送还的客衣，要说明原因并做好交接。

练一练

案例分析：客衣洗涤引发的思考。

住客王先生要洗一件衣服。他在洗衣单干洗、水洗、熨烫的服务项目中，选择了水洗这一服务项目后，就将衣服交给客房中心转洗衣房洗涤。

客衣送到洗衣房，洗涤工根据客人的要求，将客人衣服进行水洗，结果衣服洗后缩水，客人穿着短了，认为衣服给错了。后经几番解释，客人才接下了衣服，但洗衣房却由此引发出一场关于服务意识方面的思考。

点评：

思考一：照单操作还是核单操作。

一般客人在填写洗衣单时无外有三种情况：一是认为水洗比干洗干净，所以选择水洗；二是认为水洗价比干洗价便宜，所以选择水洗；三是客人根本不知道自己的衣服质地适合哪一类洗涤方式，随便找一个服务栏目填写就送洗了。这样就产生了两种服务观念：一种观念是传统的，照单操作，是否缩水等后果如同洗衣单注明的由客人自己负责。这好像药剂师按医师处方抓药，客人服药好不好与抓药的无关一般。另一种观念是迎合市场变化，把工作做细。如操作前核清洗衣单后，再以洗涤行业的职业习惯核对衣服保养标志、手感、面料、质地等，让客人得到满意加惊喜的服务。

思考二：因循守旧还是因应变化。

市场是瞬息万变的，服装业面料、饰物等也日新月异，这肯定会直接影响洗涤行业。市场在不断扩大，挑战随时来临，的确良、卡机布时代离我们越来越远，洗涤业的旧观念要不断更新，这就要求我们的服务理念要尽快适应多变的市场需求。

由这一件客衣引发的大讨论，让人认识到，只认定传统的服务理念是不可能让客人满意的。在复杂的市场需求面前，要做到认真对待客人的洗涤意愿，提高服务质量，减少服务摩擦，让客人感到满意甚至惊喜。每一个洗涤工应自觉培养良好的职业习惯，操作时做到“三核”，即核清单子、核清衣物洗涤标志、核清衣物质地，不要因循守旧，要开放自己的心胸，多学习本行业知识，掌握好本行业技能技巧。

知识延伸

客衣洗涤的服务类型主要有以下三种。

一、普通服务

普通服务一般为当日服务，即 11:00 点前收取，当日 17:00 以前送返。

二、快衣服务

快衣服务就是根据宾客要求，提供即时的洗涤服务。根据行业规范，快衣服务时间通常为 4 小时。由于快衣服务通常为单独洗涤，洗涤成本高，因此，快衣服务通常在原价格上加收 50%或 100%的费用。

三、熨烫服务

熨烫服务即我们常说的单烫服务。设有洗衣房的酒店，熨烫服务时间通常为两小时。当然，也可以根据宾客需求提供快烫服务。

活动6 托婴服务

情境导入

托婴服务

场景：客房楼层

角色：客房服务员小王、客房服务员小陈

情境：小陈接到通知说306客房的王先生需要加一张婴儿床，小陈便准备好物品到306进行加床服务。礼貌敲门问好后，小陈发现开门的是客房服务员小王，怀里还抱着一个八九个月大的婴儿。

小陈："小王，你好！你今天不是休假吗？怎么会在这里呢，还抱着一个小孩?"

小王："我临时接到一个托婴服务工作。"

小陈："托婴服务？这要受过专门培训的吧?"

小王："你说得对!"

任务：请以小陈的身份认真学习客房服务员做好托婴服务的操作程序和要求。

一、托婴服务的操作程序及标准

托婴服务就是为外出活动办事的住客提供短时间的照管婴幼儿的有偿服务。酒店一般不设专职的人员负责托婴，此项服务大多由客房部服务员在班后承担。兼职的服务员须接受照料孩子的专业培训，懂得照看孩子的专业知识和技能。

托婴服务的操作程序及标准如表2-15所示。

表2-15 托婴服务的操作程序及标准

序号	程序	标 准
1	介绍服务	(1) 向客人说明收费标准，一般以三小时为计费起点，超过三小时的，按小时增收费用 (2) 托婴服务完成后，所有费用一般在前台收银处一并结算
2	记录信息	询问并记录客人的房号、姓名，婴儿人数、年龄及照看时间
3	填写委托书	请客人填写托婴委托书，核对婴儿人数、年龄等内容，并对客人提出的特殊要求做好记录
4	核查	(1) 核对客人填写的信息是否清晰 (2) 询问客人不清楚的地方 (3) 注意记清联系电话，以便出现特殊情况进行联系

续表

序号	程序	标　准
5	安排人员照看婴儿	根据婴儿特征安排合适人员（不当班的服务员）按客人要求照看婴儿
6	送回婴儿	当客人返回酒店时，将婴儿送回客房

二、托婴服务的注意事项

托婴服务责任重大，绝不能掉以轻心，凡是担负此项工作的人必须有责任心，正派可靠，受过专门训练，掌握照管婴孩的基本知识和技能，并略懂外语。看护期间应注意：

（1）看护者在接受任务时，必须向客人了解其要求及婴幼儿的情况，如照看的时间、婴幼儿的年龄及特点，以确保婴幼儿的安全、愉快，使客人满意。

（2）看护者在规定区域内照看婴幼儿，严格遵照家长和酒店的要求看护。为确保安全，不要将婴幼儿带出指定地点（通常是客房），更不能带出酒店。

（3）不要随便给婴幼儿食物吃。

（4）不将尖利物品及其他危险物品充当玩具。

（5）不能托付他人看管。

（6）在照看期间，若婴幼儿突发疾病，应及时报告上级，请示客房部经理，并及时联系客人，以便得到妥善处理。

练一练

案例分析：托婴服务。

某一五星级酒店套房内，服务员小王正在为一对台湾夫妇照看小女孩。为了让小女孩开心，小王给她讲故事，跟她做游戏，还带来很多零食。等台湾夫妇回来时，小女孩吃饱了，也玩累了，在床上呼呼大睡。

客人回来看到一片狼藉的场面，夫妇俩表示极为不满，服务员小王一脸疑惑。

点评：在提供托婴服务时，必须要了解小孩的特性以及家长的要求，按客人要求照看小孩，不要随便给小孩子食物吃，确保小孩安全。

知识延伸

一般星级酒店的托婴服务申请单如图 2－7 所示。

婴儿看护申请单
BABY SITTER BEQUEST

顾客姓名 Guest's name:　　　　房号 Room No:　　　　日期 Date:
婴儿年龄 Baby age:
尊敬的宾客:
应您的要求，我们安排了________，在________，从________月________日________时________分至________时________分负责您小孩的照看工作。

请您在所需的项目上打“√”。

早餐 Breakfast	是□	否□
午餐 Lunch	是□	否□
晚餐 Dinner	是□	否□

请注意托婴服务一般以3小时作为计费起点，收费为________元，超过3小时则每小时增收费用________元，如果您让照看者23:00之后离开，则需支付________元。所有费用都在前台收银处直接结算，酒店将不承担因看护疏忽造成事故而引起的任何赔偿。

申请人愿意接受以上全部条款。
I fully accept the above terms and conditions.

服务员签名　　　　顾客签名
Housekeeper signature　　　　Guest signature

注：一式三联，客人一联，前台收银一联，客房部留存一联。

图2-7　托婴服务申请单

课后练习

一、简答题

1. 酒店客房对客服务的模式有哪几种?
2. 开夜床服务的注意事项有哪些?

二、判断题

1. 开夜床服务通常是20:00以后开始，因为这时客人大多外出用餐而不在房内，既可以避免打扰客人，又方便服务员工作。（　　）

2. 客衣洗涤的服务类型主要有普通服务、快衣服务、熨烫服务三种。（　　）

项目三　客房服务中心运营

项目背景

客房部里有一个神秘的部门，员工们每天都在接打电话，全天 24 小时运转；工作人员少，但很精干；它是客房部的心脏，维持着整个客房部的正常运营。那就是客房服务中心。早在刚进入客房部时，小陈就对服务中心充满了好奇。终于，机会来了。每年到了营业淡季，酒店便会提供内部员工轮岗学习的机会。通知一出，小陈就迫不及待地申请到服务中心进行轮岗。

项目概览

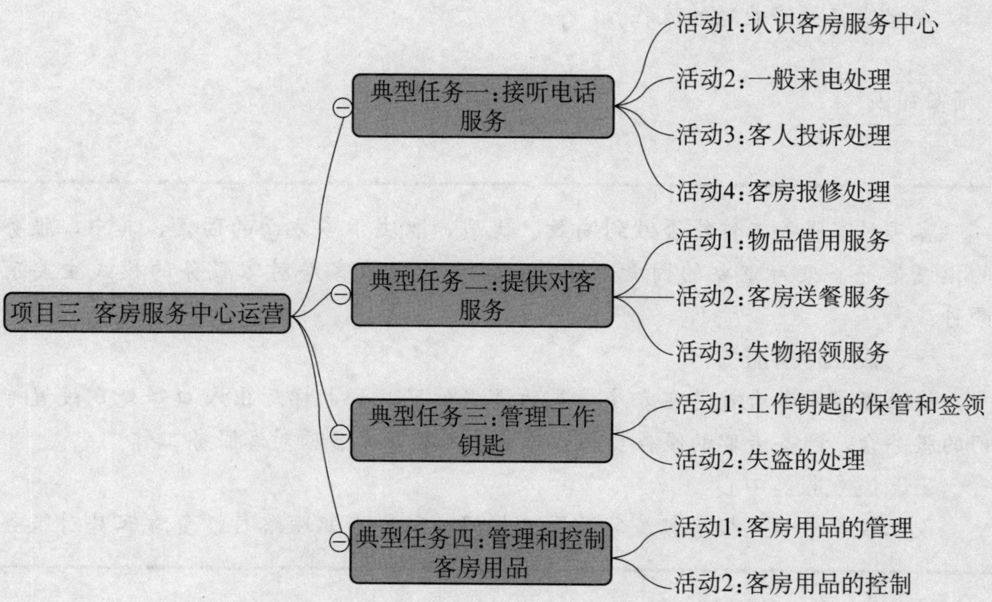

典型任务一　接听电话服务

学习目标

1. 了解楼层服务台和服务中心的区别。
2. 熟记服务中心的职责。
3. 掌握一般来电处理的流程。
4. 掌握客人投诉处理的流程。
5. 熟记客房报修处理的流程。

预备知识

客房对客服务工作能否做到高效、优质，取决于多方面的因素，其中，服务的模式是一个极为重要的因素。目前，国内的酒店客房对客服务的模式主要有两种：

一、设立楼层服务台

设立楼层服务台就是在客房楼层的适当位置（如电梯厅出入口等处）设置专门的服务台，配备专职的服务员值台，负责本楼层的各项对客服务工作。

二、设立服务中心

设立服务中心是指在客房部设置工作间，配备专职联络员，负责客房对服务工作的联络协调。客人需要服务时，可用客房内的内线电话通知服务中心，联络员进行详细记录，并迅速将客人的需求通知有关楼层的服务员，服务员则根据有关要求和标准完成对客服务工作。

两者各有优劣，具体如表3－1所示。

表3－1　楼层服务台与服务中心的优缺点对比

项目	楼层服务台	服务中心
优点	❖ 及时、直接地了解客人的需求，随机服务强 ❖ 为客人提供有针对性的面对面服务 ❖ 加强客房楼层的安全管理	❖ 节省人力，降低成本 ❖ 环境安静，体现“宾客至上”宗旨 ❖ 有利于统一调度与控制
缺点	❖ 人力成本高，对服务员素质要求高 ❖ 客人感到私密性不强	❖ 缺乏亲切感 ❖ 随机服务差，客人感到不便

由于酒店的设施设备、人力、客源结构等多方面因素的影响，楼层服务台模式已逐渐被新型的客房服务中心模式所替代。

活动1　认识客房服务中心

情境导入

轮岗申请

场景：服务中心

角色：客房部单经理、杨主管，客房服务员小陈

情境：在酒店客房部工作近半年了，鉴于小陈良好的工作表现和主动服务客人的意识，客房部单经理协同杨主管，决定给予小陈轮岗的机会。

杨主管：“小陈，近半年来，你在客房部工作得非常不错。所以，我们决定通过你的轮岗申请，让你更深入地了解整个客房部的工作。但服务中心的工作跟楼层服务是有很大区别的。刚好，单经理准备在下一次的员工培训时给大家讲解服务中心的知识。你可别错过了这次机会哦！”

单经理：“没错，这次培训应该会帮你弄明白服务中心的工作内容和岗位职责。我很期待你的表现。”

小陈：“谢谢单经理，谢谢杨主管，我会努力的。”

任务：请以小陈的身份认真学习服务中心的工作内容和岗位职责等知识。

一、服务中心的工作内容

服务中心作为酒店客房部的“心脏”，既是客房部的信息中心，又是对客服务中

心，对客房部正常运营与管理具有关键作用。客房服务中心的工作主要包括保管和处理客人遗留的物品、管理楼层钥匙等，具体如图 3-1 所示。

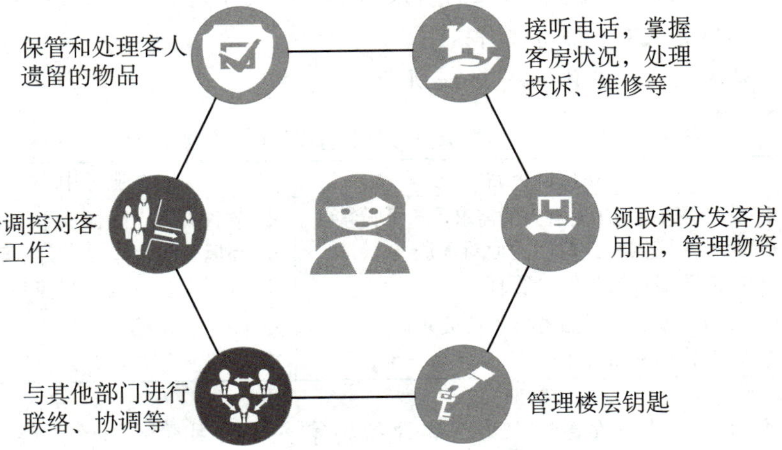

图 3-1　服务中心的工作内容

二、服务中心服务员的岗位职责

为更好地为客人提供服务，保证客房部 24 小时的正常运营，服务中心的服务员必须知识全面、反应敏捷，能熟练地处理各种情况，完成以下岗位职责：

（1）接听电话，答复住客的咨询和要求，及时向有关方面传递相关信息并做好记录。

（2）记录楼层服务员对住店客人酒水耗用量的报账并输入计算机，并随时与前台及财务部联系沟通信息。

（3）与其他部门沟通联系及传递信息，并将有关信息通报本部门员工。

（4）接到外线打来的员工私人电话只做记录，不能转接。

（5）负责对客人遗留的物品进行登记、保管、寄发、上缴等工作。

（6）负责楼层钥匙（包括万能钥匙）的点收、控制、保管，严格执行借出和归还登记制度，对因工作过失造成的遗失负责任。

（7）管理各种表格。

（8）协助部门对员工上下班考勤情况进行检查及监督，如发现员工不遵守考勤管理规定的情况应及时向部门反映。

（9）负责保管、借出、回收专门提供给客人使用的服务设备（如熨斗、熨板、电器插座、变压器等），借出、归还均要有详细的记录。

（10）记录酒水使用情况。

（11）负责报纸的派发和控制，并做好领发记录。

（12）根据楼层服务员的报告，对墙纸、地毯、沙发的维修保养情况做好详细记录，并及时通知保养班员工。

（13）负责安排客人要求的看护婴儿服务或其他特别服务项目。

（14）做好开门情况的记录，做好各种交接及一切工作的记录。
（15）保管、维护本部门的电脑等有关设备，保持工作环境卫生清洁。
（16）及时通知楼层领班即将抵店或离店的贵宾、旅行团的房号。
（17）完成主管和部门经理临时安排的其他工作。

想一想　如何通过接听电话来掌握客房状况呢？

点评：服务中心是客房信息传递中枢，每天来自客人、酒店内部的电话记录不下几百条，通过分析服务中心电话记录，我们可以得知客房的状况和工作中的不足。

如许多客人反映房间设施设备不会用，例如电视打不开、不知如何上网等，这提醒我们尽量提供简单、明了的使用指示或简化设备的操作程序，或者在客人一进房间时就对其进行详细的说明，以方便客人使用；如果在电话记录中，有许多条反映客人需要借用物品，如吹风机、转换器等，则有必要在房间配备一些常用物件，查房时注意低值品的耗用情况。

知识延伸

如今，随着酒店服务的日益完善，部分酒店采取了既设立服务中心，又设立楼层服务台的模式，具体的做法有两种：

（1）在客人活动的高峰时间安排专职的楼层值台员负责对客服务。客人外出或夜间休息时，对客服务工作相对较少，则不安排专职楼层值台员。

（2）在部分楼层设立服务台，安排专职值台员负责对客服务工作。这些楼层主要用于接待内宾或需要特别关照的客人，其他楼层的对客服务工作由服务中心统一调控。例如，一些酒店设立行政楼层、商务楼层，并设立多功能服务台，为客人提供商务服务和贴身管家服务等。

活动 2　一般来电处理

情境导入

电话来了

场景：服务中心
角色：服务中心叶领班、客房服务员小陈
情境：轮岗的申请批下来了，小陈也成功地通过了服务中心工作职责的理论培训。

未来一段时间，小陈将走进服务中心，在岗位上完成技能培训的部分。

叶领班："小陈，欢迎来到服务中心，接下来几天，就由我来带领你熟悉服务中心的工作。在开始培训之前，我想让你观察一下其他员工是怎么工作的。"

小陈："好的。"

说话间，电话响了，一位服务中心的服务员熟练地拿起话筒，开始接听。她先是热情地问好，然后边听边在纸上快速地写字。挂断电话后，她又迅速地拨打另一个电话，安排了人员送针线包到客人房内。

小陈："领班，我好像明白了，我们是不是就是接听电话，记下客人的需求，然后再安排人去做啊?"

叶领班："观察得不错，那是不是这就结束了一个电话的接听了呢?"

小陈："难道不是吗?"

任务：请以小陈的身份，学习服务中心接听一般来电的处理流程。

一般来电的处理流程如图 3－2 所示。

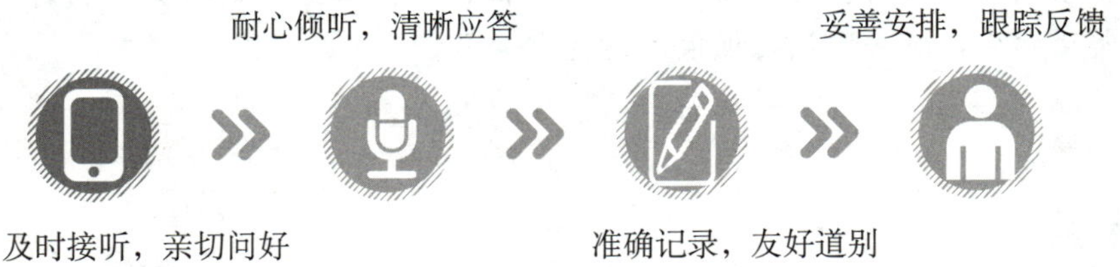

图 3－2　一般来电的处理流程图

一、及时接听，亲切问好

（1）要把握好"铃声不过三"原则，一般在 10 秒内接听电话。

（2）亲切热情地问好，自报家门（部门、身份、乐意为客人提供服务）。如：您好！服务中心，我是服务员××，很乐意为您服务。

（3）若因工作繁忙无法及时接听，则应向客人致歉。如：您好！服务中心，我是服务员××，抱歉，让您久等了，请问有什么能帮到您吗?

二、耐心倾听，清晰应答

（1）耐心倾听客人反映情况，详细了解客人需求的细节，不要打断客人的描述。

（2）简要、清晰地回答客人的问题。如遇不能立刻解答的问题，则应致歉，并及时上报，承诺会在相应的时间内给予客人回复。如：很抱歉，这个问题我不能解答，请您稍等，我 2 分钟后再回复您，好吗?

三、准确记录，友好道别

（1）按照 5W1H 的方式，在工作表上准确记录来电信息，即 when（何时）、where

(何地)、who (何人)、what (何事)、why (为什么)、how (怎么做);尽量养成左手接听的习惯，以便右手做记录。

(2) 与客人确认服务信息，并了解是否还有其他事项。如：好的，请问还有什么能帮到您吗?

(3) 与宾客友好道别，感谢来电。如：感谢您的来电，再见!

(4) 请客人先挂电话再挂断自己的电话，挂电话时要轻轻放下。

四、妥善安排，跟踪反馈

(1) 根据情况，选择正确的处理方式，如：直接答复、通知楼层服务员提供服务、准确记录等。如遇本岗位解决不了的问题，则上报领班，请示后处理。

(2) 通知楼层服务员提供服务时，要注意说明服务的内容、对象和注意事项，并记录好服务员身份和姓名。

(3) 跟踪服务的落实情况，必要时，可致电了解客人是否满意问题的解决情况。

(4) 做好来电处理全过程的记录。

练一练

情境模拟：客人来电说感觉身体不舒服，准备在客房内用餐，想要楼层服务员帮忙送早餐到房间，你作为服务中心值班人员，应如何处理?(附评分表)

一般来电处理流程模拟评分表

项目	要求	得分
及时接听，亲切问好 (20分)	1. 及时接听电话，信息说明清晰流畅 2. 用语礼貌，问好亲切	
耐心倾听，清晰应答 (30分)	1. 倾听认真，及时回应客人 2. 能够解答客人的问题	
准确记录，友好道别 (20分)	1. 信息获取完整，记录准确、规范 2. 轻拿轻放电话，礼貌友好道别	
妥善安排，跟踪反馈 (30分)	1. 有效处理客人的问题 2. 能够落实问题处理情况，做好跟踪反馈	
合计		

知识延伸

深夜，客人来电故意缠着你聊天，你作为服务中心值班人员，应如何处理?

酒店客人素质参差不齐，深夜值班的服务中心服务员，经常接到提出各种特殊要求的电话。对待缠着聊天的客人，作为服务中心值班人员，首先，应询问客人是否有事需要帮助；如客人无事故意骚扰，则礼貌地向客人解释，工作时间不便长谈；最后，如果客人不罢休，可借故暂避。

活动3 客人投诉处理

情境导入

来自日本的客人

场景：服务中心

角色：服务中心叶领班、客房服务员小陈

情境：小陈已在服务中心上班小半个月了，正当小陈沾沾自喜，觉得自己可以胜任大部分的服务工作时，却被客人投诉了。事情的经过是这样的：

当天下午，小陈刚拿起电话，就听到电话那头传来了一段尖锐的陌生语音，被吓了一跳的她，条件反射下挂断了电话。挂完之后，小陈就知道出问题了，赶紧打回电话，但电话已经打不通了。

原来这是一个日本客人的投诉。他昨天致电客房服务中心，说对房间的窗帘很不满意，他觉得绿色的窗帘很不祥，想要换掉窗帘，但之前的服务员拒绝了他，结果，他今天出门就摔了一跤。他觉得肯定是因为窗帘的原因。所以，他又一次打来电话想要投诉，结果服务员竟然直接挂断了电话，这让他感到很恼火。

叶领班："在这件事情上，你确实犯了很严重的错误——没有正确处理客人投诉。以后，遇到类似情况一定要注意了。"

小陈："嗯，我明白了，以后一定不会再犯了。"

任务：请以小陈的身份，学习服务中心接到客人投诉的处理流程。

一、客人投诉的处理

1. 记录客人投诉内容

接到客人投诉，应认真倾听，适当记录下客人投诉的内容，如投诉人、投诉对象、投诉的要求等。倾听的过程中，应注意语言，以默许或明言的方式认同客人的感觉（如"我能理解您为什么如此不高兴"），这种行为有助于建立融洽的关系。

2. 判断投诉问题的性质

了解客人投诉的内容后，要判断客人投诉问题的性质。常见的客房服务中心投诉类型主要有：

(1) 对客房设备的投诉。酒店内为满足客人的需求，设备一应俱全。部分设备由于年久失修或使用不当，甚至是客人不会使用等原因，而引起客人投诉。如遇客人因不懂使用客房的设备而投诉，应向客人道歉，并做详细介绍；说话时要注意态度和语言艺术，使客人不至于觉得难堪和不快；如果客人仍不清楚，则派人去现场示范。

（2）对服务态度的投诉。客人入住酒店，往往对酒店服务抱有一定的期望。如遇客人对客房服务员服务态度的投诉，应及时关注，对客人的遭遇表示同情和歉意并真诚致谢。

（3）对服务质量的投诉。服务质量，常常是酒店客人投诉的“重灾区”，特别是大型团队入住或酒店旺季时，客房预订爆满，客房服务员紧缺，常常会导致服务质量跟不上而引起客人投诉。如遇客人外出回房时，发现房间未整理而投诉，应向客人诚恳道歉，并做适当解释；征求客人意见是否可以马上整理房间；如客人不方便现在整理，则做好记录，并安排第二天优先整理该房。

（4）其他原因。如果投诉因误会而起，可真诚致歉，委婉答复，取得客人的谅解，消除误会。

3. 确定投诉处理部门

根据客人投诉的性质，确定相关的具体受理的负责人。如是客房楼层服务，则联系相应的楼层服务员或楼层主管；若是涉及酒店其他部门，则应请示上级，与其他部门进行协作处理。

4. 立即行动处理投诉

查明客人投诉的具体原因或具体责任人，并根据实际情况，参考客人的要求，提出投诉的处理方案，如维修、赔偿、致歉等。在许多情况下，客人最想得到的是道歉和避免类似错误再次发生的承诺。服务员应及时实施处理方案，实时告知客人投诉处理进度，并尽快收集客人的反馈意见，以更优质的服务赢得客人谅解。

5. 写出事发经过记录

对于客人投诉，应做好投诉处理过程记录，必要时，应呈上级领导过目，请其及时做出批示，做好跟踪反馈。

二、客人投诉心理分析

客人投诉时往往伴随大量的心理活动，了解客人投诉心理，能够有效地帮助酒店快速、及时处理好投诉事件。客人在投诉时的心理主要有三种：

1. 求发泄心理

这类客人投诉往往是因为在接受服务时受到挫折，故投诉时通常伴随着怒气、抱怨，言语较为激烈。他们需要把自己的不快发泄出来，释放和缓解心情，以维持心理上的平衡。

2. 求尊重心理

客人入住酒店时，除衡量酒店的有形产品之外，部分无形产品如酒店所代表的社会地位、酒店的服务质量等，也会被考虑在内。通常此类客人的情感较为丰富，他们在接受服务的过程中产生了不快，进行投诉时总希望自己的投诉是对的和有道理的，渴望获得同情、尊重和重视，需要酒店向其道歉和立即采取相应的措施等。

3. 求补救心理

这类客人投诉的目的在于补救，补救包括财产上的补救和精神上的补救。当客人的权益受到损害时，他们希望能够及时地得到补救。在客人没有得到他们花钱购买的服务结果，或遇到了严重的不便，或因为服务失误而遭受了时间和金钱的损失时，正确的做法是支付金钱或提供同类服务给他们。出色的补救工作有助于建立客人忠诚度和推动客人向他人推荐酒店的服务。

练一练

情境模拟：深夜，客人来电说隔壁客人很吵，使他无法入睡，客人情绪十分激动，想要服务员快速解决这个问题。你作为服务中心值班人员，应如何处理？（附评分表）

客人投诉处理流程模拟评分表

项目	要求	得分
记录客人投诉内容（20分）	1. 及时接听电话，信息记录清晰流畅 2. 认同客人感受，建立融洽关系	
判断投诉问题性质（10分）	能够正确判断客人投诉问题的性质	
确定投诉处理部门（20分）	1. 能够快速、准确地确定投诉处理部门 2. 能够及时通知投诉处理部门责任人 3. 信息传达完整、清晰、规范	
立即行动处理投诉（30分）	1. 能够快速、有效地处理客人问题 2. 能够实时告知客人投诉处理进度 3. 能够根据客人反馈，灵活调整处理方案	
写出事发经过记录（20分）	1. 事件记录清晰、准确、规范 2. 能够及时向上级汇报，做好跟踪反馈	
合计		

知识延伸

深夜，客人来电说隔壁客人很吵，使他无法入睡时，作为服务中心值班人员，首先，应向客人表示歉意，问清房号（包括嘈杂的房间号），及时做好记录。接着，打电话安排服务员或是亲自前往房间，劝告喧哗、吵闹的客人。最后，致电客人了解问题处理情况，如问题无法解决，则建议客人转房。

活动4 客房报修处理

情境导入

一间漏水的房间

场景：服务中心

角色：服务中心叶领班、客房服务员小陈

情境：正所谓吃一堑长一智，经历了上次的投诉风波后，小陈打起百分百的精神，谨慎对待每一个客人的来电，避免重蹈覆辙。

今早，还是由小陈负责接听电话，来电的是1402房的张小姐。张小姐说放在梳妆台前的粉饼不知道为什么全都湿透了，她怀疑是客房服务员整理房间的时候打湿了。小陈赶紧安抚了她，并承诺会尽快解决。挂了电话后，小陈赶紧致电楼层服务员，一番询问后，发现服务员并未有工作失误。不过，楼层服务员表示1402房前几天天花板漏水，她前几天还和领班说要报修呢！

小陈赶紧询问叶领班是否有这个情况。经过一番调查后，才知道1402房天花板漏水，因维修难度较大，故当值的服务中心服务员告知前台将其设为"维修房"。但因当时正值交班时刻，当值的前台服务员未设置好房态便下班了，以致客房被当成空房进行售卖，才出现了张小姐的粉饼被天花板漏的水打湿的情况。为此，当值的前台服务员被领班狠狠地批评了，酒店也赔付了张小姐的损失。

小陈："真没想到，兜兜转转，问题出现在前厅。如果我们这里可以直接设置房态就好了！"

叶领班："没错，现在酒店正在准备升级客房部的系统，到时就可以通过系统完成这些操作了。"

任务：请以小陈的身份，学习服务中心接到客房报修的处理流程。

一、普通维修的处理

普通维修的处理流程如图3-3所示。

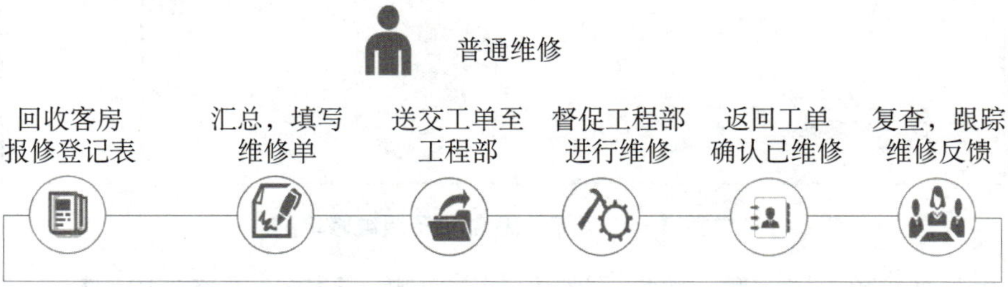

图3-3 普通维修的处理流程图

1. 回收客房报修登记表

楼层领班巡查客房，回收客房报修登记表（如表 3－2 所示），将每日所查维修内容填写在交班本设备检查一栏中。

表 3－2　客房报修登记表

班次：　　　　　　　当班员：　　　　　　　　　　　　　　　　　　日期：

时间	通知人	事　　项	接修人	时间	验收	验收人	备注

2. 汇总，填写维修单

服务中心服务员每日将各楼层维修内容进行汇总，按照要求填写维修单。目前酒店服务中心常见的维修单有两种形式：纸质版维修单（见表 3－3）、电子版维修单（见图 3－4）。

表 3－3　酒店工程部纸质版维修单

维修地点		维修日期	年　月　日
维修内容			
所用材料			
开工时间	年　月　日	完工时间	年　月　日
验收签字	服务态度： 维修质量： 现场清理：　　　　　　验收人：		
备注			

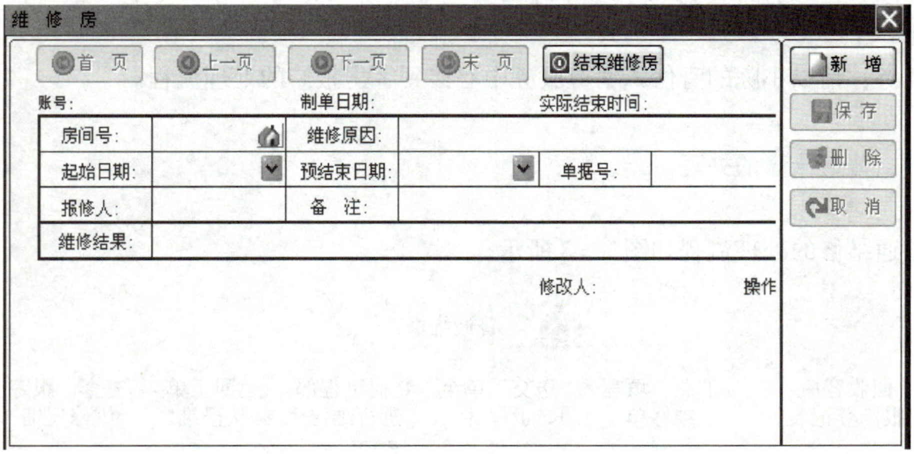

图 3－4　酒店工程部电子版维修单

纸质版维修单一式三联，按楼层填写，字迹工整、清晰，维修描述清楚。

电子版维修单常见于酒店自装的客房管理系统。该系统主要用于对客房的房态进行管理，如客房是否空闲、是净房还是脏房，客人结账退房时的查房，客房维修状态的设置与解除等。如遇客房需较长时间进行维修，无法完成接待，则可通过系统直接进行客房维修状态的设置，避免出现客人入住维修房的情况。

3. 送交工单至工程部

纸质版维修单由服务中心文员于次日 9:00 前送至工程部签收，然后将其中一联返回存档。而电子版维修单则通过系统发送至工程部后台。

4. 督促工程部进行维修

工程部负责人接单后，根据人员值班情况进行分配。维修人员一般于接单后 30 分钟内前往现场进行维修。

5. 返回工单确认已维修

维修人员维修后，将纸质版维修单给相关方确认签字，交回工程部文员处，由其汇总交回服务中心。使用电子版维修单的酒店，则只需维修人员维修后告知工程部文员进行登记处理即可。

6. 复查，跟踪维修反馈

服务中心服务员接到维修单反馈后，安排相应负责人进行复查，跟踪维修情况，及时反馈。

二、紧急维修的处理

紧急维修的处理流程如图 3 - 5 所示。

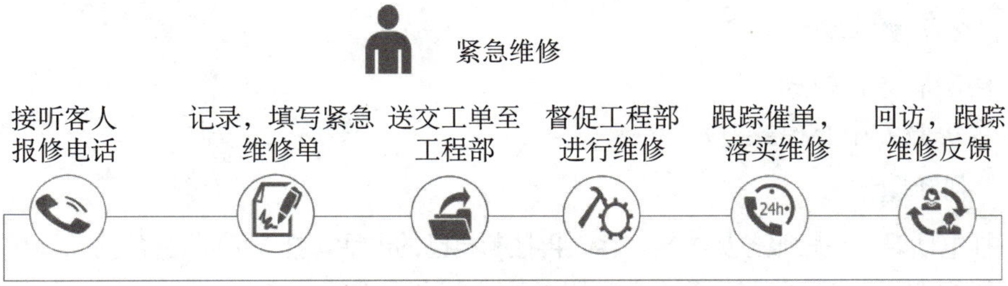

图 3 - 5 紧急维修的处理流程图

紧急维修的处理与普通维修大致相似。不同之处在于：首先，报修人通常是酒店的客人。其次，紧急维修更讲究时效性。如 10 分钟之内，工程部人员还未到达进行维修，需再次跟催并记录。对于三次跟催未解决的，电话通知工程部主管进行处理。最后，维修后要回访客人，了解客人对维修情况的满意程度，并根据客人反馈适当做出相应的补救。

练一练

1402 房的张小姐致电服务中心，声称客房内天花板漏水，要求今天内务必修好。作为当值的服务中心服务员，请根据张小姐的信息，填写下方的维修单。

<table>
<tr><th colspan="4">酒店工程部维修单</th></tr>
<tr><td>维修地点</td><td></td><td>维修日期</td><td>年　月　日</td></tr>
<tr><td>维修内容</td><td colspan="3"></td></tr>
<tr><td>所用材料</td><td colspan="3"></td></tr>
<tr><td>开工时间</td><td>年　月　日</td><td>完工时间</td><td>年　月　日</td></tr>
<tr><td>验收签字</td><td colspan="3">服务态度：
维修质量：
现场清理：　　验收人：</td></tr>
<tr><td>备注</td><td colspan="3"></td></tr>
</table>

知识延伸

酒店客房的墙角、门框和家具等位置容易被行李等物撞坏。如果将房间的低位物品镶上金属包边，只要设计美观，就既能起到装饰作用，又能有效地保护墙角、门框和家具等物品的完整性，方便管理。

课后练习

一、名词解释题

1. 楼层服务台模式
2. 客房服务中心模式

二、判断题

1. 挂电话时，一般服务员先挂，客人再挂断自己的电话，挂电话时要轻轻放下。(　　)
2. 楼层服务台模式已逐渐被客房服务中心模式所取代。(　　)

三、不定项选择题

1. 一般来电的处理包含了哪几个步骤？(　　)

A. 及时接听　　B. 耐心倾听

C. 快速解答　　D. 跟踪反馈

2. 通知楼层服务员提供服务时，要注意(　　)。

A. 说清服务对象　　B. 说明服务内容

C. 记好服务员的信息　　D. 说明注意事项

3. 常见的客人投诉时的心理有(　　)。

A. 求发泄的心理　　B. 求关注的心理

C. 求尊重的心理　　　　　　　　　　D. 求补救的心理

4. 普通维修的处理包含了哪几个步骤？（　　）

A. 记录，填写紧急维修单　　　　　　B. 送交工单至工程部

C. 复查　　　　　　　　　　　　　　D. 督促维修

四、简答题

1. 处理客人投诉的一般步骤是什么？

2. 紧急维修与普通维修的处理程序有什么区别？

典型任务二 提供对客服务

学习目标

1. 掌握晚间物品借用服务的流程。
2. 熟记订餐、送餐服务基本流程。
3. 了解鉴别遗留物品的方式。
4. 掌握失物招领的处理流程。

预备知识

服务是酒店的形象之本，服务是酒店的竞争之道，服务是酒店的财富之源。酒店要想真正改善服务状况，提升服务价值，就必须有正确的优质服务思路。而服务中心的价值能否实现，关键在于能否为客人创造价值，即能否为客人提供方便，创造乐趣。优质的对客服务应是能打动客人心的服务。

一、优质的对客服务必须充分读懂客人的心态

酒店的客人并非职业人，而是追求享受的自由人，且是具有优越感的爱面子的人。所以，客人往往以自我为中心，思维和行为大都具有情绪化的特征，对酒店服务的评价往往带有很大的主观性，即以自己的感觉进行判断。为此，服务中心的对客服务首先必须做到人性化。具体要求是：

（1）给客人一份亲情。情感是中华民族服务之魂，于细微处见精神，于善小处见人情，酒店必须做到用心服务，细心观察客人的举动，耐心倾听客人的要求，真心提供真诚的服务，注意服务过程中的感情交流，并创造轻松自然的氛围，使客人感到服务人员的每一个微笑、每一次问候、每一次服务都是发自肺腑的，真正体现一种独特的关注。

（2）给客人一份理解。由于客人的特殊心态和酒店的特定环境，客人往往会有一些自以为是、唯我独尊的行为和犯一些大惊小怪、无理指责的错误。对此，酒店应该给予充分的理解与包容。

（3）给客人一份自豪。“给足面子，挣足票子。”这可谓是酒店的生财之道。只有让客人感到有面子，他才会听从你的“调遣”；只有让客人感到愉悦，他才会常到酒店消费。所以，作为酒店的员工，必须懂得欣赏客人的“表演”，让客人找到自我的感觉和当“领导”的快乐。

二、优质的对客服务必须充分理解客人的需求

酒店的服务要打动客人的心，首先是必须满足客人的需求。对此，酒店首先应正确认知客人的需求和客人评价服务的因素。如酒店服务中心的核心服务是给予客人安全、宁静、舒适、温馨的住宿体验，那么酒店就必须在以上四个关键点上力求完美。其次，把对客人需求的认知转化为服务质量规范。如通过对服务中心员工的接电话的时机、声音大小、问候语、结束语等做出质和量的规定，从而使“安全、宁静、舒适、温馨”变得可衡量。最后，服务人员能够把服务规范转化成优质的具体服务。这就要求服务质量规范本身是科学合理的，同时要求服务人员训练有素。

三、优质的对客服务应该努力超越客人的期望

要超越客人的期望，关键是酒店的服务必须做到个性化和超常化，并努力做好延伸服务。个性化即做到针对性和灵活性。客人是千差万别的，针对性服务，就是要根据不同客人的需求和特点，提供个性化的服务。超常化的服务，就是指打破常规，标新立异，别出心裁，推陈出新，让客人有一种前所未有、意想不到的感觉和经历的服务。超常化的服务，既可以是其他酒店所没有的、客人所没有想到的服务，也可以是与众不同的独特服务。如一束鲜花、一张服务员的淳朴的问候卡、一封热情洋溢的欢迎信、一件独特的纪念品等。

奉献打动客人心的服务是酒店发展的大势所趋，更是酒店创新、不断发展的原动力和不倦追求的目标。当然，在不同的时期和不同性质、档次的酒店会有不同的要求与表现形式。

活动 1　物品借用服务

情境导入

多齿的梳子

场景：服务中心

角色：客房部杨主管、客房服务员小陈

情境：晚上，服务中心接到了一个特别的电话。入住酒店 406 房间的高小姐将去参加一个重要的宴会，她洗好澡后，在卫生间里想把头发吹干、定型，但由于客房里的小梳子十分不顺手，所以难以将头发整理至满意的状态。在没办法的情况下，她打电话到客房中心问："你们有没有多齿的梳子？"小陈听了客人的要求后，说："高小姐，我们客房这里没有多齿的梳子，我想想办法，找到后立刻给您送到房间里。"

放下电话后，小陈立刻与饭店的美容室联系，很快借了一把多齿的梳子送到高小姐的房间。高小姐非常高兴，打电话到服务中心致谢。第二天早上，杨主管照例阅读服务中心的工作记录要点，发现了小陈关于客人需要多齿梳子的记录。

小陈："主管，我从其他的同事那儿了解到，她们也碰到过借用多齿梳子的要求。我建议客房租借物品服务中应增加这种梳子，以方便客人。"

杨主管："你的建议非常不错，我会立刻跟领导反映，看能不能采购一些方便客人吹头发用的多齿梳子，提供给需要的客人使用。当然，最好是酒店能找到厂家，设计一种可以充当客用品的价格低廉的较小的多齿梳子。"

任务：请以小陈的身份，认真了解酒店晚间借用物品的种类及服务流程。

一、晚间借用物品的种类

晚间借用物品通常分为以下两类：

1. 常见的借用物品

主要包括电吹风、电动剃须刀、万能插座、熨斗、熨衣板、各类文具用品、婴儿车、变压器、接线板等。

2. 特殊的借用物品

主要包括应急用的婴儿纸尿片及女宾卫生巾、热水袋、椅子、全国电话簿等。

二、晚间借用物品的注意事项

物品借用已成为客房部的一项重要服务项目，客房内所提供的物品一般能满足住店客人的基本生活需求。在服务过程中，服务员应根据借用物品的种类的不同而灵活应对，并注意以下事项。

1. 租借电器类用品

（1）借用物品前要检查，电器类物品要经测试合格方可借出。

（2）提醒客人注意用电安全，如电熨斗要放在专用袋子里，内附“使用注意事项”。

（3）须向客人说明本酒店使用的是220V的电压。

（4）借电熨斗、熨衣板时，客房服务中心应先提醒客人饭店提供熨烫服务，如客人仍坚持借用，可让大堂副理与客人联系后再予借用。

（5）借暖风机时，客房服务中心应先提醒客人关掉冷气并表示可提供棉被，如客人仍坚持借用，可让大堂副理与客人联系后再予借用。

2. 借用利器、工具类用品

（1）婉转地问询用途，避免客人将物品用于盗窃或自杀等恶性事件。

（2）询问是否需要工程部人员帮忙。

（3）通知客房楼层服务员留意客人使用物品情况，避免出现噪声扰客的情况。

三、晚间借用物品服务流程

1. 问清要求，详细记录

客人致电借用物品时，服务中心服务员应问明借用物品的名称、要求、借用时间等，详细记录在“借用物品记录表”（如表3-4所示）上。

表3-4 借用物品记录表

日期
房号
客人姓名
物品名称
客人签名
归还日期
接受人
客人所借的上述物品，如果离开时仍未交还，酒店将会向客人索取与物品的价值等同的费用

客房部可通过“借用物品记录表”了解宾客需求。该记录表记录了借出物品的名称、客人房间号码、客人请求借用的时间以及借出和收回的时间。在有些情况下还应将客人预计离店的时间备注上，因为有些物品，通常要在离店时才归还。该记录表可反映出客人需求量最大的借用物品、各种物品借出的时间以及客人借用时间的长短。此外，该纪录表还能反映各借出物品目前所在的房间，从而确保所有物品都能够收回。

2. 迅速送达，引导使用

通知就近楼层服务员将用品迅速送至客人房间，向客人申明借用物品的使用方法。

送交小件物品时应使用托盘，而不是用手拿。借出物品时，要检查其清洁、完好情况。

3. 确认物品，请客签字

客人收到或返还物品时，楼层服务员应请客人在“借用物品记录表”上签字并注明借用或返还的时间。

4. 回收检查，认真记录

收回借用物品后，要检查完好情况，并做好记录。客房部应对借用物品进行编号，根据本酒店的实际情况，确定存放位置，最好将不大常用的物品存放于服务中心，将常用的物品存放于楼层工作间内。客房管理人员须制定服务的时间标准，即在接到客人电话或通知后，必须在多长时间内将客人需要借用的物品送到房间。

客人离店时，要注意检查客人有无借用物品以及是否归还。客人所借的物品，如果离开时仍未交还，酒店将会向客人索取与物品的价值等同的费用。

练一练

案例分析：案例中服务员小陈和小汤的服务是否正确？

一位日本客人入住酒店，饭后他准备刷朋友圈，却发现手机没电了，而他的充电器没带。于是，客人打电话给服务中心，要求服务员送一个充电器过来。服务中心服务员小陈立刻通知楼层服务员。楼层服务员小汤很快就拿了一个充电器送给客人。没想到客人大为不满：“我不要这种充电器，我的手机是110V，用这个我的手机会炸的！”小汤感到很委屈，但她丝毫没有流露，而是诚恳地向客人道歉说：“对不起，我给您拿错了。”接着她又去拿了一个转换插座和充电器来送给客人。事后，服务中心服务员小陈才发现原来是自己未能详细问清客人需求，想当然地认为就是普通的充电器而导致小汤受了这番委屈，小陈脸上露出一丝愧疚的神色。

点评：本例中客人未向服务员说明充电器的特殊要求，而服务中心小陈也未能及时问清客人的需求，犯了“想当然”的错误。小汤主动向客人认“错”，说明她对“客人永远是对的”这句酒店服务的座右铭有着正确的认识，值得称赞。客人的指责对小汤确实是非常不公的，而小汤却能自觉地承受委屈，用自己的委屈换取客人的满意，这正是服务员应努力达到的一种高尚的境界。国内有些酒店在服务员中颁发“委屈奖”，这对鼓励员工为酒店整体利益承受委屈是有一定作用的。

知识延伸

由于各国电器使用的电压数不同，因此，对电器类物品的借用，还须当面演示使用方法。服务员在将转换插座或接线板送至客人房间后不应立即离开，而应主动帮助客人接好插头，看所提供的转换插座或接线板是否符合要求。同时，这也给服务员提供了一次观察机会，看客人是否准备使用酒店禁用的电器。

活动2　客房送餐服务

情境导入

餐饮知识考核

场景：服务中心

角色：服务中心叶领班、客房服务员小陈

情境：在服务中心工作的时间总是过得飞快，今天，叶领班突然通知小陈他们，下午有个神秘的考核。服务中心的服务员们聚在一起，纷纷讨论这个考核会考些什么。为此，他们还特意背诵了服务中心常见的问题处理等知识，就怕考核的时候被考倒。

就在忐忑中，下午的考核来了。万万没想到，这次考核的竟然是餐饮的知识，看着卷子上诸如“请简述西餐酒水的搭配”的题目，小陈大脑一片空白。考核结果出来了，小陈的成绩非常不理想。为此，她感到沮丧，但也有一丝不解。

小陈：“领班，为什么我们要知道餐饮的知识？酒水搭配跟我们客房部的工作有什么关系啊？”

叶领班：“小陈，你来的日子比较短，还没接触到。你知道送餐服务吗？送餐服务就是按照客人的要求（生活习惯或特殊要求，如起早、患病、会客等），将客人所点的食品饮料送至客房用餐的服务。”

小陈：“哦，我明白了，怪不得我们要懂得餐饮的知识。”

任务：请以小陈的身份，学习服务中心送餐服务的处理流程。

一、订餐服务

如果提供房餐服务，酒店要设计专门的房餐服务餐牌，将其摆放在床头柜或写字台上，并标明房餐服务电话号码。另外，提供房餐服务，通常要收取额外的服务费。客人若需要在客房用早餐，应于前一天晚上在客房备有的早餐牌上选好食物种类，注明用餐时间，然后将其挂在房门把手上，由楼层服务员定时收集，代客人向餐饮部订餐员订餐。

客人也可以直接打电话订餐。服务中心服务员在接受电话订餐时，要详细问清客人的房号，要求送餐的时间以及所要的菜点、特殊要求等，并复述一遍。然后，做好记录，并及时知会餐饮部进行备餐。常见的房内用餐有早餐、便饭、病号饭、点心、小吃、夜宵等项目，其中以早餐最为常见。

在有些酒店中，这项服务是由餐饮部负责的，餐饮部设有房餐服务组，由专职人员负责提供房餐服务。在另外一些酒店，房内用餐则是由餐厅服务员送到楼层，再由楼层服务员送进客房。采用这种服务方式的酒店，要求服务中心的服务员必须熟悉菜单，并掌握一定的餐厅订餐服务技巧。

二、送餐服务

送餐时可以用托盘提供，也可以用餐车送上，这要视所送餐食饮料的多少而定。如用餐车送餐，要小心谨慎，以免因地毯不平或松动而倾倒。另外，送餐车必须有保温装置，防止送到时饭菜温度不够影响质量。

（1）按规定先敲门，自报身份，等候客人开门。

（2）托盘或餐车摆放位置要适当，可征求客人意见。

（3）摆放妥当后揭开餐碟盖，要一一报菜名，并询问客人还有什么需要。

（4）准备好账单并问清楚客人结账方式，如签单则请客人在账单上签字。

（5）提供送餐服务时，要注意及时将客人用过的餐具和剩物撤出（一般在一小时后，征得客人同意后撤出），以免影响房内卫生和丢失餐具。如在送餐一小时后仍未接到客人收餐具的电话，需打电话询问。

（6）收餐具时要征求客人对用餐的意见。撤时注意清点餐具并检查有无破损，同时还要注意随手更换烟灰缸、玻璃杯，擦净桌上的脏物，以保持房内清洁。注意不要与客房用品混淆。

练一练

案例分析：案例中酒店服务中心服务员的解释是否合理？

某五星级酒店有主楼、副楼两栋，因主楼建造日期较久远，房内的设施相较新建的副楼差一些，房价也便宜些。一天，客人刘先生住进主楼，因不喜热闹，就计划在房内用餐。于是，他打电话给服务中心服务员要求送餐到客房。

谁知，服务中心服务员回答："对不起，先生，主楼并不提供送餐服务。"刘先生很是不满，他之前入住副楼的时候，明明提供送餐服务的。为此，他质疑服务员："为什么副楼有，主楼没有，同一间酒店竟然搞差别待遇？"服务中心服务员回答道："对不起，这是酒店的规定。我也没有办法！"

点评：根据《旅游饭店星级的划分与评定》的规定，四星级及五星级酒店应"有送餐菜单和饮料单，24小时提供中西式早餐、正餐送餐服务"。该酒店既然是五星级酒店，则应该执行该规定。因此，酒店主楼不提供送餐服务就违反了国家标准的规定，应立即更改。

知识延伸

客人来电称生病很不舒服，但又肚子饿，想要订餐，然后让楼层服务员送餐到客房。你作为服务中心值班人员，应如何处理？

服务中心服务员须礼貌地问询客人哪里不舒服、需要何种特殊服务，并尽量满足客人的要求；在客人订餐时，积极向客人推荐可口饭菜，同厨房配合，为客人提供稀饭、面条一类的食品；如客人需要服药，则为客人提供白开水，以方便客人服药；事后，向领班、主管反映，建议送上花篮或果盘，以示慰问。

活动3　失物招领服务

情境导入

"好心"办"坏事"

场景：服务中心

角色：楼层服务员小李、客房服务员小陈

情境：结束了一天的工作，小陈约上在客房楼层工作的小伙伴小李，准备一起去逛街。

小陈："怎么了？看起来一脸不开心？"

小李："哎，别提了，我今天真是'好心'办了'坏事'了！"

小陈："什么情况？说说看。"

小李："我今天查房的时候，看到桌面有一个盒子，包装得好漂亮，虽然已经开封了，但我想这么好的东西应该不是要扔的。我就赶紧通知前台，告知客人遗留了物品在客房，让客人回来拿。结果客人回来说：'这是我不要的东西，你还拿给我干什么？'原来，这是一盒吃剩的点心，客人嫌碍事，就把它留下了。"

小陈："竟然有这么一回事。我记得我们是可以对客人遗留物品进行例行检查和根据不同物品进行适当处理的。你没检查吗？"

小李："我，我忘记了，都怪我，太想当然了。"

小陈："吃一堑长一智，下次吸取教训。对哦，我们服务中心那里也负责客人的失物招领，看来，我以后要认真请教下领班怎么做才行，避免犯错。"

任务：请以小陈的身份，学习服务中心失物招领的处理流程。

一、遗留物品的判断

一般来说，当服务员发现客人把物品遗留在客房里面，都应认真检查和判断是否为客人遗失的重要物品，不能只根据物品的外观而加以判断。目前，许多服务员由于思维定式的影响，认为客人没有扔进垃圾桶的物品就是有用的，所以在没有进行仔细检查的情况下，就认定该物品是客人丢失的。这不但浪费时间和劳动，还给客人留下不好的印象。由此可见，对客房遗留物品的判断是处理客房遗留物品的一个重要前提。

酒店一般把有价值的物品定为客人遗留物品，如现金、珠宝、身份证件、具有价值的信函、仪器零件和器材等，同时还必须注意物品的时效性，一般易腐烂、易变质、有使用期限的物品不列为客人遗留物品。

二、失物招领的处理流程

遗留物品大多在客人退房离店、服务员查房或整理房间时发现。服务员应立即设法交还给客人，对于不能当面交还的，要为其妥善保管。

(1) 拾获者（通常为客房楼层服务员）在发现客人遗留物品时，应及时通知总台查询客人是否已经结账退房、离开酒店。

(2) 若客人尚未离店，应立即交还给客人。

(3) 若客人已经离店，应将遗留物品上交客房服务中心或客房部办公室保管，并填写“遗留物品登记表”，记录拾获遗留物品的日期、时间、地点、名称、数量以及拾获者姓名等内容。

(4) 若客人前来认领遗留物，应询问清楚客人遗失物品的详细信息（型号、颜色、大小、样式、遗失时间、遗失地点等特征），并在“遗留物品登记表”上进行查找，对应存放位置找到物品。经双方核对后，请客人办理领取手续。

(5) 根据酒店对遗留物品的规定，确定遗留物的保管方式及保管期。

三、失物招领的注意事项

1. 遗留物品必须归口管理

遗留物品分部门或多部门管理，势必会给客人带来不便。相当一部分丢失物品的客人不会确切知道自己将物品丢失在何处，因而在多部门管理遗留物品的酒店，客人的问询可能被转来转去，从而影响效率。此外，遗留物品的管理需要一套严密的程序，归口管理不仅可以提高效率，而且会使错误率降至最低限度。

2. 明确专人管理

在设有客房服务中心的酒店，一般由服务中心服务员负责登记和保管。客房部秘书通常分管客房服务中心，因而对遗留物品的管理也由秘书负责。一般来说，秘书需每月对遗留物品储存柜进行一次清点和整理。

3. 配备必要的贮存柜

酒店要视自身的规模和星级，配备放置遗留物品的橱柜，一些大型高星级酒店甚至要设专门的遗留物品贮存室。相当一部分酒店遗留物品柜的空间太小，遗留物品塞满了橱柜，这不仅会损坏遗留物品，而且还会使查找变得非常困难。

4. 确定保管期

酒店行业对遗留物品的保管期没有硬性规定，惯例为 3～6 个月。高星级酒店的遗留物品中，有相当一部分是客人不要的遗弃物，只不过客人没有把它们放入垃圾筒而已，所以遗留物品的量很大，因而保管期也就比低星级的要短。贵重物品和现金的保管期一般为 6～12 个月，水果、食品为 2～3 天，药物为 2 周左右。衣物类保存前应先送洗衣房洗净。

5. 确定保管期后的处理方式

客房部应对遗留物品超过保管期后如何处理做出规定。按国际同行业的惯例，遗留物品应归物品的拾获者，但整瓶的酒须上交给酒店供餐饮部使用，开过封的酒应抛弃。贵重物品和现金须上交给酒店。国外一些酒店在找不到失主的情况下，会将物品拍卖并将所得钱款捐给慈善机构。

客房部的员工在处理客人遗留的文件、资料时应特别慎重，凡未被放进垃圾筒的，都应被视为遗留物品，不可将其随意扔掉。对于客人对遗留物品的问询，客房部应及时给予答复。

练一练

案例分析：案例中实习生小谢的疏忽会导致什么后果？

夏季的一天，客房部领班在查房时发现客房抽屉里有几件客人遗留的衣服。她感到很奇怪，立即到服务中心查询此房间的客人是否已经离店，并向文员通报了客人有遗留物品在房间里，要文员做好记录，留备客人查询。然后她在工作表上做了详细记录，注清了时间和所发生事情的概况。经过向台班实习生小谢和服务中心查询，得知此房客人并没有离店，而是转房去了其他楼层，这件事是台班实习生小谢在查房时没有发现客人遗留物品而造成的结果。而客人呢，却是在服务中心通知他领回自己的衣物时，才发觉自己遗失了衣服。

点评：当客人转房后，台班会例行检查房间，经过整理之后，该房便可成为OK房，等待下一位客人入住。可是，案例中的台班粗心大意，没有发现客人遗留在抽屉里的衣服，肯定是认为没有必要检查抽屉，才导致问题的出现，这是她的失职。

对此事的后果可做两种情况的分析：其一，转房客人遗留的物品未被领班发现而该房入住了其他房客，那么，原住客一旦发现自己遗留了物品在原房间，再去寻找时就麻烦了。这就会导致两房客人物品的混淆，再从新房客的房间中取回原房客的物品就不是一件简单的事情，需要很好地与新房客解释、协商。这不免浪费了原房客的时间，也影响了新房客的休息。

其二，客人转房后，未发现自己遗留了物品，并在领班发现衣服之前就有事办理了离店退房手续，那就更复杂了。这些衣服就要作为客人的遗留物品交给礼宾部或是服务中心保管，查清客人地址主动交还给客人或是等客人下次入住时再交还。这实际上是变相增加了酒店的工作量，浪费了人力、财力。以上种种麻烦，其实只需要台班在工作的时候认真、仔细就可以避免。

此案例中的领班工作非常认真、仔细，发现问题后立即找客房服务中心协调解决。她发现客人遗留物品后严格按照规定的程序来处理，由于发现及时，处理妥当，使转房的客人找回了自己的衣物，避免了上述两种情况可能产生的麻烦。

知识延伸

能不能迅速地查出客遗物品是减少客遗物品的关键。经过观察发现，客遗物品不能在客人离店查房时查出是新员工查房不仔细和经验不足造成的。因此，要对新员工进行专门的训练，将平时客人经常忘记的地方进行总结，然后专门在一个房间内布置。比如客人经常把手机充电器忘在家具后面的插座上，就在插座上放一个手机充电器；客人的白色衣物经常忘在床单内，就在床上放一件白色的衣物；等等。布置好之后，让员工在限定的时间内去查，员工事前不知道房内有哪些物品，需在限定的时间内查找之后，把查到的内容写出来，再告诉他有哪些没查出。在训练几次后，员工一般都能掌握查房的技巧。当员工觉得已经掌握了技巧的时候，让员工自己到房间内重新布置房间，前一个员工布置了后一个员工查，随便怎么布置，让员工自己相互考查，也相互就工作中总结的查房经验进行沟通。

课后练习

一、名词解释题

1. 超常化的服务
2. 针对性服务

二、判断题

1. 当服务员发现客人把物品遗留在客房里面，都应认真检查和判断是否为客人遗失的重要物品，不能只根据物品的外观而加以判断。（　　）

2. 提供房餐服务，通常不收取额外的服务费。（　　）

三、不定项选择题

1. 在客人借用电器时，须向客人说明本酒店使用的是(　　)的电压，并请客人使用完后归还。

A. 110V　　B. 180V　　C. 220V　　D. 240V

2. 常见的房内用餐有早餐、夜宵、(　　)等项目，其中以早餐最为常见。

A. 便饭　　B. 病号饭　　C. 点心　　D. 小吃

3. 送餐后，等客人用餐完毕要及时将客人用过的餐具和剩物撤出，一般在(　　)后，征得客人同意后撤出，以免影响房内卫生和丢失餐具。

A. 1 小时　　B. 2 小时　　C. 3 小时　　D. 4 小时

4. 服务员应注意遗留物的时效性，一般(　　)的物品不列为客人遗留物品。

A. 易腐烂　　B. 易变质　　C. 有使用期限　　D. 名贵的

四、简答题

1. 晚间物品借用服务流程是什么？
2. 失物招领的注意事项有什么？

典型任务三 管理工作钥匙

学习目标

1. 了解客房常见的五种电子门锁系统。
2. 熟记工作钥匙的签领、保管工作流程。
3. 掌握工作钥匙损坏或遗失的处理流程。

预备知识

酒店客房门锁是控制客房准入，保护客人人身及财产安全的重要硬件。电子门锁管理系统是一种全新的酒店客房、通道等场所准入的自动化管理系统。相对于传统的机械门锁，它不但具有使用方便、安全、可靠、保密性强的优点，而且可实现电子锁匙的“一卡多用”。

电子门锁系统起始于20世纪70年代初期，当时，美国和欧洲的制锁集团开发出了十多种电子锁匙系统，并开始在酒店业使用，经过几十年的发展，电子门锁系统已相当成熟。目前，电子门锁必须通过国家公安部安全与警用电子产品质量检测，并获得公安厅技防办颁发的许可证才可上市，因此其性能优越，非常安全可靠。

电子门锁系统一般由发卡机、智能卡锁、计算机网络、门锁管理软件等组成。酒店电子门锁智能卡钥匙一般通过配有门锁管理软件的发卡机进行制作。电子门锁内部有时钟管理，如客人卡、清洁卡等都受时间的控制，只有在有效的时间内才能开启门锁，但一般可配应急系统开启卡，该卡在任何情况下都能100%地开启门锁。电子门锁内装有“黑匣子”，可记录的开锁信息多达1 000条，并可随时用数据卡查询开门记录。门锁管理软件至少提供五种接口方式，供酒店管理系统挂接。目前，电子门锁大致有五种类型：指纹门锁、IC卡门锁、TM卡门锁、磁卡门锁和射频卡门锁。

一、指纹门锁

指纹门锁是利用人体指纹的各异性和不变性，为用户提供的安全可靠的加密手段，使用时只需将手指平放在指纹采集仪的采集窗口上，即可完成开锁任务，操作十分简便。它是目前世界上最先进的锁具。

二、IC卡门锁

IC（Integrated Circuit）卡又叫集成电路卡，是由法国人莫兰在20世纪70年代发明的。它是一张镶嵌集成电路芯片的信用卡大小的塑胶卡片。正是这张卡片，拥有ROM、RAM、CPU、EEPROM等，与微处理器相似。因此IC卡就有了磁卡所不具备的种种优良的信息处理性能，如存储量大、保密性好、拥有运算功能等。它可以在不具备网络的情况下使用，有时也可作为一个电子钱包使用。它的发展前景广阔。IC卡门锁是通过将储存密码的IC卡（包含集成电路芯片）制作在钥匙卡上，从而实现加密的一种电子门锁。使用时，将钥匙卡插入门锁内的读卡槽中，密码合法才可开启门锁。因IC卡内设密码保护电路，解密错误超过一定的次数，该卡内的集成电路芯片立即自毁，故可有效地防止伪造。这是目前最经济实用的一种电子门锁。

三、TM卡门锁

TM（Touch Memory）卡又称为信息纽扣（Information Button），是由美国达拉斯（Dallas）公司研制的一种专用ROM芯片。芯片中的密码由64位序列号组成，每张卡上的序列号全球唯一，故安全性极高。TM卡门锁的使用方法与IC卡门锁相同，但成本比IC卡门锁高。

四、磁卡门锁

磁卡门锁是将储存密码的磁卡制作在钥匙内，从而达到加密的目的。在它的磁条上可以存储很多信息，但存储量并不大，安全性能可通过加密手段来实现。同时也可不加密，对外开放。它对网络要求较高，大部分磁卡是代表了一种认证，各种业务的办理要由相应的中央计算机来完成。磁卡使用方法与IC卡和TM卡相同。磁卡门锁所用的磁卡具有成本低、便于修改等特点，因而价格低廉，比较适合低星级酒店使用。

五、射频卡门锁

射频卡是美国德州仪器（TI）公司研制的一种感应卡。射频卡门锁就是利用感应卡制作的开门钥匙。它与前三种卡不同的是，射频卡属于非接触卡，使用时只需在门锁信号屏前一晃，不用接触，即可开启门锁，因此使用非常方便。

以上门锁各有优劣，具体见表 3-5。

表 3-5 客房常见五种电子门锁的优缺点对比

项目	优点	缺点
指纹门锁	❖ 安全可靠 ❖ 操作方便	❖ 科技成本高
IC 卡门锁	❖ 存储量大、保密性好、拥有运算功能	❖ 成本高
TM 卡门锁	❖ 安全性高	❖ 成本高
磁卡门锁	❖ 成本低 ❖ 便于修改 ❖ 现场制作、一次性用品	❖ 对网络要求高
射频卡门锁	❖ 非接触卡，使用方便	❖ 普及度不高

活动 1 工作钥匙的保管和签领

情境导入

工作钥匙

场景：服务中心

角色：服务中心叶领班、客房服务员小陈

情境：酒店迎来了淡季，客房部也利用这段时间对新来的员工进行培训。今天，是对工作钥匙的培训。

叶领班："小陈，工作钥匙是客房部非常重要的物品，保管好它是我们服务中心的重要责任。现在，我来带领你认识这些钥匙。"

叶领班一一解释钥匙的种类、用途以及权限范围。

小陈："哇，客房工作钥匙竟然有这么多种。"

叶领班："是的，不同的工作钥匙还对应不同的权限范围。像客房总钥匙，我们会叫它 king key，它可以打开所有客房。"

小陈："哇，那如果丢失，就等于所有客房都失去门的保护了哦。我们一定要保护好它。"

任务：请以小陈的身份认真学习工作钥匙的保管、领取、使用、遗失或损坏的处理等知识。

客房钥匙按照使用对象不同，主要分为：客用钥匙，可开启客人入住的房间；通用钥匙，可供服务员打扫房间用；楼层总钥匙，可开启该楼层所有的房间，供领班使用；客房总钥匙，可开启所有客房，供经理使用。

一、工作钥匙的保管

客房钥匙是客房安全管理的重要环节，决不能马虎大意。钥匙丢失、随意发放、私自复制或被盗都会给客房安全带来威胁，因此，为保证客房安全，必须严格控制和保管好钥匙。

客房部的工作钥匙由服务中心管理，由楼层领班负责，并做好督导管理工作。

客房部钥匙按规定全部安置到规定的存放点，用钥匙扣或钥匙盘扣好。为方便使用，通常会用标签注明名称。

钥匙的保管统一由客房服务中心员工负责，做到谁使用，谁签名，谁负责。每次交接班都需盘点清楚，并将领取收回的情况切实记录到钥匙领取记录表上，并由交接双方签字认可。如发现有遗缺，立即向楼层主管或经理报告。

客房部主管应每天检查客房的钥匙交接、领用记录情况。

楼层万能钥匙须每月更换一次，月底由主管统一收集更换。

服务中心员工应严守职业道德及职业操守，不利用工作钥匙做违反法规的事情。

二、工作钥匙的领取

工作钥匙的领取原则是专人专岗位专用，应妥善保管，绝对禁止转交他人，如有损坏，需立即上报解决。

客房部各岗位人员因工作需要领取钥匙，须在客房服务中心钥匙领取记录表上记录具体领取时间、领取钥匙类别并签字，由客房服务中心统一发放，不得代领或代签。工作结束后，服务员要亲自交回工作钥匙，并注明归还时间。

所有员工领取的工作钥匙必须随身携带，不允许随意放置在任何其他位置。员工因事离开工作岗位，必须先交回钥匙。

钥匙使用完毕，使用人本人将钥匙归还服务中心，并在钥匙领取记录表上填写归还时间及其他具体事项，服务中心文员收到钥匙后在收钥匙栏签字。

员工由于使用不当，损坏工作钥匙，应立即上报主管，由客房办公室收回损坏的钥匙。

三、工作钥匙的使用

楼层员工在岗期间不得将钥匙交与他人使用和保管，若遇突发情况，如为客人开门、为酒店员工开门等，应谨慎核对信息，并做好监督，必要时上报主管。

1. 客人使用

当客人将钥匙留在房间，要求为其开门时，应礼貌地请客人出示房卡或身份证，核实无误后立即为客人开启，如无法确认为该房客人，则向客人致歉，请其到前台核实身份，事后在工作日志上做好记录。

如发现客房门外插有磁卡钥匙，服务员必须按门铃或敲门提醒客人不要将钥匙留在门外；如房内无人或客人已退房，应立即将钥匙交给客房服务中心统一处理，并在工作日志上做好记录。

2. 酒店内部员工使用

工程部员工进房维修、餐饮部送餐、行李员送行李等均需楼层服务人员陪同开启房门，并陪留至工作完毕离去，其他无关人员不允许进入客人房间。

3. 备用钥匙的使用

备用钥匙主要在特殊情况下使用，必须上报主管，由两人以上办理手续，使用完毕后，对备用钥匙进行检查，及时交回并办理签收手续。

四、工作钥匙的遗失、损坏处理

钥匙是客房部至关重要的物品，一旦丢失，应立即上报。房间钥匙需重新制作，其他钥匙报工程部更换，并对当事人予以严肃处理。

若发现钥匙有裂痕或折断，要由客房部经理签字并派员工到酒店专设的锁匙室配制。

想一想　相对于机械锁，使用电子锁有什么优势？

点评： 近年来，不但新建酒店大都使用电子门锁系统，而且很多原来使用机械门锁的酒店也纷纷进行更新改造，换上了电子门锁系统。电子门锁系统之所以备受青睐，是因为它具有普通机械门锁无可比拟的优点。

1. 安全可靠

电子门锁系统可以为每把门锁制出一万亿种不同密码的钥匙卡，密码是在客人入住时按预计的居住天数和确定的房号由发卡机自动生成的。在磁卡或 IC 卡有效的期限内，该卡只能打开其对应的客房，过了有效期，该卡就失效。并且在原卡尚未失效而又有一张新卡开门后，原卡即刻作废。因此，客人钥匙卡一旦被窃或不小心丢失时，只需重新制作一张钥匙卡，开门后，丢失的钥匙卡就不起作用了，这同样也适用于客人提前退房离店的情况。此外，电子门锁系统还具有报警功能，当将门锁组合斜舌别住，门锁为防插状态时，门锁会连续发出报警声，以提醒客人和服务员注意关好门。而且，一般人无法对电子锁匙进行解密与复制，使不法分子无机可乘，从而大大提高了安全保密性。

2. 使用与管理方便

电子门锁系统具有 14 种智能钥匙，分为五个级别管理，使得管理权限分明，使用操作简便。例如，当计算机硬件或软件系统出现故障而不能制卡时，可启用备用卡代替客人卡开启门锁，这样就避免了由服务员用楼层卡开启门锁而给客人带来的不便。而且特别方便的是，当客人将门反锁后，门外的“请勿打扰”指示灯会自动显示。此外，钥匙卡到期会自动失效，因此，客人离店时无须归还钥匙卡而可将其带走，作为纪念品收藏，这不但大大减少了收发、管理钥匙的工作量，而且为酒店开辟了一种新的宣传、促销渠道。

3. 有助于破案

电子门锁系统带有大量具有记忆功能的“黑匣子”，可记录上千条最近的开锁信息，并可随时用数据卡查询。如果有客人报失，只需用门锁资料接驳器连接到门锁上，就可立即查出何人在何时进入过该客房，从而为保安或公安人员提供线索。

4. 时钟控制和时钟自动修复

如上所述，到期的钥匙卡将自动终止使用，这样一方面保障了客房的安全，另一方面避免了客人拖欠房租的现象，这一功能的实现靠的是电子门锁系统的时钟控制。当门锁时钟芯片因周围环境影响或门锁故障造成时钟丢失或产生错误时，电子门锁系统还可自动修复时钟芯片。若无法修复时钟芯片，则通过门锁指示灯提示用户重新手动校准时钟，保证时钟准确无误。这样可避免因时钟丢失或错误而造成客人钥匙卡无法开门、开锁信息记录不准确、发生重大问题时无直接证据等安全漏洞，即避免出现因门锁失去时间控制而导致失去进出控制的安全问题。

知识延伸

目前智能化酒店提出了酒店一卡通的需求。它是指在一个或几个建筑群内或在酒店集团内实行一卡消费、身份认证及客房电子门锁的并用。一卡消费的服务项目除客房外，还有餐厅、咖啡厅、酒吧、各种娱乐设施、商场、停车场等。

门锁管理软件可与酒店其他管理软件（如前厅、餐饮、财务等的管理软件）系统集成，将各种智能系统的信息储存在智能卡上的不同区域，这样可通过计算机网络系统实现一卡多用、一卡多能，使客人持有的智能匙卡不但可以开门、取电、管理保险箱，而且可以刷卡验证身份，取代传统的酒店内部的娱乐、餐饮等消费的签单，为客人和酒店工作人员提供极大的方便。此外，智能卡还可用于员工考勤、餐厅用餐的身份验证等，真可谓是“一卡通”。

活动2 失盗的处理

情境导入

失盗以后

场景：服务中心

角色：客房部杨主管、客房服务员小陈

情境：近期酒店发生了一件失盗的案件，影响较为恶劣。为了提升酒店员工对失盗事件的应对意识，杨主管专门组织了一次培训。培训中，他分享了一件真实的案例。

服务中心接到了一起投诉电话，说是客人现金被盗，要求向酒店索赔。客人称晚上睡醒时，裤子口袋里的6 000元现金丢失了。酒店的主管协同楼层领班到现场查看发现，前一天晚上，客人的房门不仅是锁上的，而且搭上了门后的钢搭扣。窃贼要进入的话，首先要弄开门锁，而且要有精湛的技术和专门的工具，才能从门缝中拨开搭扣。但纵然如此，也很难保证毫无声响。真有盗窃犯进入的话，室内的两人怎可能全无知晓？而且，一般的窃贼是不具备这些特殊条件的。

对酒店的此种说法，客人称，窃贼入室盗窃是可能的。为此，他在现场做了一番演示：用一张像身份证一样的塑料卡剪开了一个豁口，沿门框和门框的边缘插入，搭扣的环轻轻就被撩开了……

在最后的索赔交涉中，客人直言不讳，要求酒店赔偿现金。在警方暂时无法查证事实真相，从而消费者协会难以判断的情况下，他甚至打出了上书“此店不安全，我被盗6 000元”的标语牌威逼酒店，并将之放置在酒店门口……显然，客人的行为对酒店的声誉造成了不良影响。但是，在真相未明的情况下，酒店毅然选择了赔偿。

任务：请以小陈的身份，学习服务中心接到客人报失电话的处理流程。

客人在酒店居留期间难免因丢失物品而向酒店报告，请求帮助查找。酒店要视情节轻重妥善处理，客房部尤其要急客人所急，积极帮助查找。据国外统计，在客人报称丢失的物品中，有40%是由于放错了地方，30%是客人记忆不清，30%是真正丢失。一旦发生失盗，客房部要及时报案，并协助有关人员，调查原因，寻找线索，尽快破案。

客人在住店期间财物丢失、被盗或被骗后，直接报告当地公安机关，叫报案；如未向公安机关报告，只是向酒店反映丢失情况，叫报失。无论报案还是报失，酒店有关部门的领导和工作人员，都应该积极协助客人（或公安机关）调查失窃原因，寻找线索，尽快破案。在客房内丢失物品时，客人常常先向客房部报失，因此客房部在事故处理中承担了大量工作。

一、报失的处理

（1）当接到客人报失后，认真听取客人的陈述，问清客人丢失物品的详细情况并做记录，不做任何结论。

（2）应到现场帮助客人尽量回忆物品丢失的前后经过，分析是否确实丢失。常有客人因害怕丢失物品而在客房里东藏西藏，最后忘记了地方。如确认丢失，要及时安抚客人情绪。

（3）在征得客人同意后，可由保安员与服务员共同在房间帮助查找，物品找到后应将结果记录存查。

（4）如果调查显示客人财物确属被盗或被骗，服务员应立即报告客房部经理，由经理与大堂副理及保安部取得联系，共同处理。经总经理同意后向公安机关报案，由保安人员保护好现场，待公安机关破案处理。

二、报失后的注意事项

（1）客人报失后，服务员只能倾听客人反映情况，不要做任何结论猜测或讲否定的话，以免为之后的调查工作增加困难或使酒店陷入被动。

（2）服务员个人绝不可擅自进房查找，以免发生不可想象的后果。

（3）客人报失后，进入过客房的服务员也要受到询问。服务员应采取积极协助的态度，不要有委屈不满的情绪，更不能在自己有失职行为时有意隐瞒。

练一练

情境模拟：客人来电称放在桌面的唇膏不见了，怀疑是有员工用钥匙打开门偷走了，你作为服务中心值班人员，应如何处理？（附评分表）

客人报失的处理流程模拟评分表

项目	要求	得分
认真倾听，详细记录（30分）	1. 及时接听电话，听取客人的描述 2. 信息获取完整，记录准确、规范 3. 不做任何结论	
现场协助，分析确认（30分）	1. 前往现场，帮助客人回忆丢失过程 2. 分析确认物品是否被盗或被骗 3. 根据情况，适时安抚客人情绪	
征求同意，帮助查找（20分）	1. 使用礼貌用语征求客人同意 2. 能够积极帮助查找，并适当做好登记	
报告上级，共同处理（20分）	1. 向上级汇报，信息完整、清晰 2. 能够落实问题处理情况，做好跟踪反馈	
合计		

知识延伸

在本活动的情境导入中，为什么酒店选择了赔偿？

在失窃的案件中，举证一直是一个十分麻烦的问题，尤其是涉及现金时，要受害人确切地证明自己有多少现金被盗则更加困难。通常情况下，可以先以报案人的报案材料为准，因为报案人在报案时就有如实陈述案情的义务。当然，最终的认定还是要在公安机关破案之后做出。若客人在酒店住宿时被盗，因为考虑到其相对酒店来说属于弱势群体，以及国家对消费者的保护政策，可以由酒店先承担一定的责任，并给予客人一定的赔偿。如果破案后发现客人有谎报损失的情况，酒店可以向客人要回超出的赔偿部分并要求客人赔偿由此给酒店造成的一切损失。本案中，如果公安机关在侦案时发现有疑点，客人报假案或监守自盗的嫌疑很大的话，酒店也可以以此为由要求待破案之后再解决此事。对于此类事件的判定，目前国内尚无统一标准，只能根据个案情况酌情予以处理。

课后练习

一、名词解释题

1. 电子门锁系统

2. 磁卡门锁

二、判断题

1. 接到客人报失电话后，应立即报警，由保安人员保护好现场，待公安机关破案处理。（　　）

2. 工作钥匙使用后，应及时归还服务中心。如因急事外出，可携带离开酒店，办完事情后归还。（　　）

3. 客人报失后，征得客人同意后，服务员可与保安一同入房寻找，物品找到后应将结果记录存查。（　　）

三、不定项选择题

1. 以下属于电子门锁的有（　　）。

A. 指纹门锁　　B. IC 卡门锁

C. 机械门锁　　D. 磁卡门锁

2. 以下属于电子门锁的优点的是（　　）。

A. 安全可靠　　B. 使用与管理方便

C. 有助于破案　　D. 时钟控制和时钟自动修复

3. 客房钥匙按照使用对象不同主要分为（　　）。

A. 楼层总钥匙　　B. 客房总钥匙

C. 通用钥匙　　D. 客用钥匙

4. 报失的处理包括哪些步骤？（　　）

A. 认真倾听，详细记录

B. 现场协助，分析确认

C. 征求同意，帮助查找

D. 报告上级，共同处理

四、简答题

处理客人报失的注意事项有哪些？

典型任务四　管理和控制客房用品

学习目标

1. 了解客房用品的分类。
2. 熟记常见的客房用品发放使用的表格。
3. 掌握客房用品日常管理的注意事项。
4. 掌握客房用品消耗定额的计算方法。
5. 熟记客房用品的日常控制。

预备知识

早期的客房用品管理仅限于单纯的库存管理，但随着酒店行业的削价竞争加剧，酒店的利润急剧下降。客房用品的品种多、数量大，使用频率高，又有很强的实用性，如果管理不善，就会造成浪费和流失，增加成本。因此，降低成本费用消耗，做好酒店客房用品的管理，便成了许多酒店开源节流的重要途径。同时，客房用品的质量和配备的合理程度、装饰布置和管理的好坏，是客房商品质量的重要体现，也是制定房价的重要依据，直接影响客人的满意度。因此，加强客房用品的管理和控制，是客房管理工作中的重要一环。

一般来说，客房用品的管理大致包括客房用品的选择与采购、使用与保养、储存与保管。对于客房部门来说，主要是做好客房用品的发放、日常管理、消耗控制和日常控制。

活动1　客房用品的管理

情境导入

是否该提供一次性消耗品

场景：会议室

角色：客房部杨主管、客房部全体员工

情境：近期，酒店出于环保的目的，开始试行“绿色客房”。最明显的变化便是，客房内不再提供“一次性用品”，如沐浴液、洗发水、润肤露、香皂、牙膏等。随之而来的却是酒店长住客的投诉。为此，杨主管召开了客房部全体员工大会，了解楼层、服务中心近期接到的有关方面的投诉情况，并就“是否该提供一次性消耗品”征求大家的意见。

任务：请以小陈的身份，认真学习服务中心的客房用品管理等知识。

一、客房用品的发放

客房用品应根据楼层工作间的配备标准和消耗情况发放，规定使用周期和领发时间，一般是一周发放一次，固定在某一天。这样不仅可以方便库房的工作，也可使楼层日常工作条理化，减少漏洞。在小型酒店，客房用品的领发和保管一般由楼层领班兼管，大型酒店可设专人负责。领班每天汇总楼层物品的消耗量（见表3-6），每周汇总一周的消耗量，再根据楼层的存量开出物品申领单（见表3-7和表3-8），到库房领取。

表3-6　楼层每日消耗用品汇总表

统计人________　　日期________

楼层 名称	3F	4F	5F	6F	7F	8F	9F	10F	11F	12F	13F	14F	15F	16F	总数
圆珠笔															
夹纸笔															
针线包															
擦鞋纸															
意见书															
明信片															
礼品袋															
洗衣袋															
……															

表 3-7 物品申领单——客用物品

楼 层（FLOOR）： 日 期（DATE）：

客用物品 GUEST SUPPLIES									
事项 Items		要求 Request	供应 Issue	事项 Items		要求 Request	供应 Issue
1	信纸 Letter Head（L）			16	便笺 Memo Pad		
2	信纸（航空） Letter Head（A）			17	圆珠笔 Ball Pen		
3	航空信封 Envelope Air Mail			18	针线包 Sewing Kit		
4	电传/电报表格 Telex/Cable Form			19	火柴 Matches		
5	介绍册/价目表 Brochure/Tariff			20	浴帽 Shower Cap		
6	明信片 Postcard			21	洗头水 Shampoo		
7	洗衣单（水洗） Laundry			22	浴油 Foam Bath		
8	干洗及熨衣单 Dry-Cleaning & Press List			23	护发素 Hair Conditioner		
9	房间酒水单 Mini Bar Voucher			24	香皂 Soap		
10	拖鞋 Slipper			25	行李贴 Sticker		
11	客房餐牌 Room Service Menu			26	面纸 Tissue Paper		
12	服务指南 Service Directory			27	厕纸卷 Toilet Paper Roll		
13	请勿打扰及请即打扫牌 DND/Please Make Up Room Card			28	茶包 Tea Bag		
14	服务意见书 Guest Questionnaire			29	须刨 Razor		
15	文具夹 Stationery Folder			30	牙刷 Tooth Brush		

表 3-8　物品申领单——清洁用物品

楼　层（FLOOR）：　　　　　　　　日　期（DATE）：

清洁用物品 CLEANING SUPPLIES							
事项 Items		要求 Request	供应 Issue	事项 Items		要求 Request	供应 Issue
1	铜水 Brass			13	尼龙刷 Nylon Broom		
2	地拖 Mop			14	玻璃水 Window Cleaner		
3	厕所刷 Toilet Brush			15	胶手套 Rubber Glove		
4	洗衣袋 Laundry Bag			16	喷水瓶 Bottle Sprayer		
5	卫生袋 Sanitary Bag			17	家具蜡 Furniture Polish		
6	杯袋 Glass Wrapper			18	扫把 Broom		
7	浴袍袋 Bath Robe Cover			19	空气清新剂 Air-Freshener		
8	垃圾袋 Rubbish Bag			20	洁厕剂 Toilet Bowl Cleaner		
9	擦鞋袋 Shoe Shine Cloth			21	房间检查报告表 Room Check Report		
10	地毯水 Carpet Shampoo			22	早班/中班服务员工作表 Am/Pm R. A. Work Sheet		
11	清洁棉 Cleaning Pad			23	早班/中班督导员工作表 Am/Pm Supervisor Work Sheet		
12	垃圾铲 Dust Pan			24	工程维修单 Work Order		

二、客房用品的日常管理

这是客房用品控制工作中最容易发生问题的一个环节，也是最重要的一环。

1. 正确存放

客房用品有许多是印刷品及纸盒包装的，还有洗发液、沐浴液等瓶装液体，在领发时要注意小心操作。工作间的存放环境要干燥、整洁，配有存放柜，摆放时要整齐，避免受重压，瓶装液体不能倒置或横摆，以免液体外流，造成不必要的损耗。工作车同样要整洁干净，重物在下，轻物在上，分类摆放。

2. 控制流失

客房用品的流失主要是员工造成的，因此，加强管理、做好员工的思想工作很重要。楼层领班要通过服务员每日清扫房间的数量来控制其物品消耗，并分析比较每个服务员每间客房的平均耗用量。另外，要加强现场检查和督导，减少客房用品的浪费和损耗。如有些员工图省事，将客房棉织品当抹布使用，或者将客人未使用过的消耗品当垃圾一扫而光，领班要批评教育这些员工，必要时给予一定的经济处罚。

酒店要给员工创造不使用客房用品的必要条件，如在工作间、更衣室及员工浴室配备员工用的挂衣架、手纸、香皂等，以免员工拿用客房用品。

楼层闲杂人员、住客及其他部门的员工也有拿取客房用品的现象，所以楼层库房门要随时上锁；工作车最好能装门柜，以便上锁，或者用布将物品罩住；控制闲杂人员及酒店无关人员进入楼层。

另外，酒店应制定相应的制度，如员工上班不能带包到工作岗位，上、下班必须走员工通道，主动向值班保安人员展示自己的包。

3. 推行“4R”做法

“4R”是指四个以 R 为开头的英文单词，即 Reduce、Reuse、Recycle、Replace，是人们对降低消耗和环境保护工作的一些具体做法的高度概括与总结。

（1）Reduce，意为减少。客房部可以从以下几个方面着手：

1）尽量减少或不用对环境有污染和破坏作用的材料或用品，如塑料用品和塑料包装材料、含氯等的化学清洁剂等。

2）尽量减少能源和物资的消耗，如水、电、客用品和清洁材料。这里尤其需要介绍和推广目前一些酒店所尝试的有关做法：

改进马桶抽水装置的设计，有效控制马桶的用水量。在这方面，以色列和日本等国家做得比较好，它们在马桶水箱上安装两种抽水开关，一种可以用整箱水，另一种可以用半箱或更少的水，使用者可以根据需要选择使用。我国有些酒店安装了这种马桶，以后必将普及。

减少客用物品的配置和更换。减少配置主要是适当控制一些用品的品种和数量。对于客人不常用的一些用品不作为正常供应品在客房内配置，如果客人需要，可以临时提供。一些用品的数量也可以减少，如在一些通常只是单住的双人间里只配置一套客用消耗品，如淋浴液、洗发液等只需够一次使用即可。至于减少更换，主要是针对客房的一些布件，尤其是卫生间的毛巾。很多酒店都在卫生间里放置一只专用的篮子或其他类似物品，供客人放置需要更换的毛巾，并在卫生间放置醒目的告示牌，用于提示和解释，告示牌的内容可以这样设计：“尊敬的宾客，请您将需要更换的毛巾放在篮子里，感谢您对环保的理解和支持！”一方面提示客人将想要更换的毛巾放在篮子里，换句话说，如果客人不将毛巾放在篮子里，酒店将不予更换；另一方面告知客人理解这种做法的原因和目的，即“环保”。这种尊重客人意愿，为了双方共同利益而减少物品更换的做法在大多数酒店里都是可行的。

(2) Reuse，意为再利用。客房可以再利用的物品很多，人们对这些物品再利用的方法也很多。

1）注重回收。员工在日常工作中，一定要注重对那些虽被用过但仍有再利用价值的物品的回收。客房服务员打扫房间时，可以回收报纸，杂志，酒瓶，饮料罐，食品盒，肥皂头，剩余的卷纸，用过的牙刷，用剩的牙膏、淋浴液等，有些物品的包装材料和容器等也可回收。

2）合理利用。凡是具有再利用价值的物品，回收后要合理利用，这样既可以减少物品消耗，又可避免简单地将其作为垃圾处理而造成环境污染。如肥皂头、牙刷、牙膏、沐浴液、洗发液等可以用于清洁保养工作，报纸、杂志等可以卖给废品收购站。有些用品经过很好的处理，甚至还可以在客房使用，如沐浴液、洗发液的瓶子等。

(3) Recycle，意为循环。客房的一些物品如果在材料和设计上做些调整，就可以进行循环重复使用，如洗衣袋。以前，很多酒店客房里使用的洗衣袋都是塑料袋，是一次性消耗品，用过即弃，不仅浪费而且污染环境。现在很多酒店都用布袋作为洗衣袋，且设计和制作比较考究，经久耐用。

(4) Replace，意为使用替代品。为了减少物料消耗、降低费用、保护环境，客房内的一些物品可以用其他物品替代。如小包装的沐浴液、洗发液可用液压式大瓶装的替代，这样就可以减少购买包装物的费用，又可避免过多包装物的丢弃对环境造成的污染。当然，采用这种做法时，酒店应采取相应的管理和控制措施，防止客人带走等原因造成的浪费和损失。

4. 做好统计分析

客房用品的消耗量应每天汇总，每月统计，分析比较。客房服务员完成每天的客房清洁任务后，应填写物品耗量表（见表3-9），然后，由领班汇总楼层每日物品的耗用量。

表3-9　每日客房物品耗量表

房号	01	02	03	04	05	06	07	08	09	10	11	12	总　数
圆珠笔													
夹纸笔													
针线包													
擦鞋纸													
意见书													
明信片													
礼品袋													
洗衣袋													

可以根据表3-9做出每月楼层耗量汇总表，分析每间房每天的平均耗用量，结合住客率及上月情况制作每月消耗分析对照表（见表3-10），每月统计、分析一次。

表 3-10　每月消耗分析对照表

品　名	单　位	单　价（元）	上月消耗量	金　额（元）	本月消耗量	金　额（元）	与上月相比	
							增（%）	减（%）
圆珠笔	支							
夹纸笔	支							
开瓶扳手	个							
卫生袋	只							
针线包	个							
擦鞋纸	张							
杯　垫	张							
行李牌	张							
意见书	张							
维修单	张							
店　卡	张							
明信片	张							
塑料提包	个							
牙　具	个							
服务指南	本							
洗发液	袋							
淋浴液	袋							
合　计								

上月住客率	本月住客率	与上月相比		上月每间房消耗额	本月每间房消耗额
		增	减		

想一想　酒店要不要提供一次性消耗品？你如何看待这一问题呢？

点评：酒店提供一次性消耗品不是社会发展趋势：一是造成资源浪费、环境污染；二是这些用品生产状况很难确定，卫生堪忧；三是客房中用的洗浴液是有保质期的，如果客人不用，就存在过期的问题。这样就出现了费用大、难管理、效果差的情况。但是，目前客人已认为这些是酒店必备的用品，有的客人出差也不再带牙具等用品，一旦不提供，客人就会对此不满。

知识延伸

客房部在推行"4R"的过程中，必须注意下列事项，以防止出现负面影响。

一、讲究标准规范

讲究标准规范具有两层含义：一是不能为了降低消耗和保护环境而降低客房服务及有关工作的质量标准，从而影响客人的满意程度；二是执行“4R”要有统一标准规范，不能随心所欲。因此，客房部在执行“4R”的做法时，一定要尊重有关行业管理的规定和要求，参照国际和国内的一些好的做法，同时还需要考虑市场竞争等因素，制定一套严格而明确的标准和规范，要做得合理，做得科学，做到统一，做出特色，做出成效。

二、注重宣传解释

酒店在执行“4R”的做法时，需要取得客人及有关方面的理解和支持，要取得他们的理解和支持，就要进行适当的宣传解释，这一点不可忽视。

（1）对客人的宣传解释。酒店要用推销技巧向客人宣传解释客房部“4R”的一些具体做法。所谓推销技巧，就是不能仅从保证酒店自身利益的角度向客人宣传解释，而且要注重从客人的利益角度，至少是兼顾客人利益的角度去宣传解释，这样客人就不会对酒店的一些做法产生误会或曲解，反而会积极配合和支持。客房卫生间关于毛巾更换的告示牌就是很好的例子。如果告示的内容是“尊敬的宾客，为了减少毛巾的洗涤费用，如果您不将毛巾放在篮子里，我们就不为您更换”，这样恐怕就难以得到客人的理解和支持了。

（2）对有关方面的宣传解释。酒店要经常面对各方面的检查，如星级评定和复核检查等。因此，酒店除了可能采取的一些技术性措施，往往还需要做些宣传和解释工作，否则，有关方面人员可能会认为酒店的一些做法不合规定，难达标准。毕竟并非所有的人都有这方面的意识，都能重视降低消耗和环境保护工作。

活动 2　客房用品的控制

情境导入

多配 10 包

场景：服务中心

角色：服务中心叶领班、客房服务员小陈

情境：时值三八妇女节，酒店入住了由附近村委组织的一批中年妇女客人。因为部分客人较为挑剔，提出了许多要求，服务中心的电话由早到晚响个不停。这不，小陈便接到了一个让她为难的电话。

1602 房的客人来电说，很喜欢客房里配的茶叶包，她刚刚用完了，但她等下邀请了许多朋友到她房间喝茶，想要酒店给她多配 10 包。但是按照酒店常规的配置标准，每天茶叶配备都是 4 包一间，所以小陈拒绝了。客人见小陈没有答应，扬言要投诉她，为此，小陈决定询问下领班如何操作。

叶领班："小陈，你的出发点是对的，酒店在客房配备了许多用品，只有掌握了酒店客用品的管理和控制制度，才能做出正确的判断。"

小陈："嗯，根据酒店制度，我拒绝她是对的，但客人为此要投诉我，我该怎么办呢?"

叶领班："客人要求多配10包，换一个角度想，是对酒店茶叶的喜欢。你可以委婉拒绝她，并建议她用购买的方式来取得茶叶。"

任务：请以小陈的身份，学习服务中心客房用品的控制的相关知识。

客房用品主要是供客人使用的生活必需品。在客房部的费用中，客房用品要占较大的比重，但伸缩性也很大。因为它涉及的品种多、使用频率高、数量大，再加上这些用品具有很强的实用性，是每个人都用得上的生活用品，故流失的环节多，所以，要加强对客房用品的控制。

一、客房用品的消耗控制

定额管理是根据客房档次、价格、客源结构，用品的规格、质量及价格等因素，定出合理的消耗定额，并制定相应的制度，以加强客房用品的消耗控制，降低费用。制定客用品的消耗定额，就是以一定时期内为完成客房接待任务所必须消耗的物资用品的数量标准作为基础，对客用品消耗的数量定额加以确定，并逐月分解和落实到每个楼层，以加强计划管理，用好客用物品，达到增收节支的目的。

1. 客房一次性消耗品的消耗定额

客房一次性消耗物品一般以标准间作为基础，确定每天的需要量，再根据预测的年平均出租率来制定年度消耗定额。计算公式如下：

$$A=B\times X\times F\times R$$

其中，A＝单项客用品的年度消耗定额；B＝单间客房（标准间为准）每天配备数量；X＝客房出租的间天数；F＝客房年平均消耗率；R＝客房年平均出租率。F的计算公式如下：

$$F=\text{客房年平均消耗率}=\frac{\text{消耗数量}}{\text{配备数量}}$$

控制严格的酒店还会根据不同类型的房间（如标准间与写字间）、不同的接待对象（如内宾和外宾、散客和团队、全价客人和折扣优惠价客人等）及不同用品制定每种物品不同的消耗率。

例如，××酒店客房共100间标准间，每间客房每天配备4包茶叶，平均每天消耗3包。根据计算客房平均出租率为80%，那么该酒店本年度茶叶的消耗定额应为：100×80%×365×4×75%＝87 600包。

2. 客房多次性消耗品的消耗定额

客房多次性消耗用品的定额是按照一定时间内物品更新率来确定的。根据酒店的星级或档次，确定单间房（标准间）每一种多次性消耗用品的配备数量，然后，再确定各种多次性消耗用品不同的损耗率，即可制定消耗定额。计算公式如下：

$$A=B\times X\times F\times R$$

其中，A＝单项多次性消耗用品年度消耗定额；B＝单间客房配备量；X＝客房出租的间天数；F＝单项多次性消耗用品年度损耗率；R＝客房年平均出租率。

在控制客房用品时，要做到“内外有别”，即客人使用的物品，要严格按有关标准配备，该补充的一定要补充，该更新的必须及时更新。客房部员工内部使用的物品，要厉行节约，能修则修、能补则补，精打细算，在保证对客服务质量的前提下尽量节约。

二、客房用品的日常控制

客房部对客用品的日常控制，一般采取三级控制的方法。

1. 楼层领班对服务员的控制

这是客房部对客用品的第一级控制。

（1）通过工作表控制服务员的消耗量。楼层领班通过服务员的做房报告控制每个服务员领用的消耗品，分析和比较各个服务员每房、每客的平均耗用量。服务员按规定的数量与品种为客房配备和添补用品，并在服务员工作表上做好登记。领班根据服务员的工作表对服务员领用客用品的情况进行核实，防止服务员偷懒或将客人用品据为己有。

（2）检查与督导。领班通过现场指挥和督导，减少客用品的浪费和损坏。领班督导服务员在引领客人进房时，必须按服务规程介绍房间设备用品的性能和使用方法，避免不必要的损坏。领班督导和检查服务员清洁房间的工作流程，杜绝员工的野蛮操作。例如，少数员工在清洁整理房间时图省事，将一些客人未使用过的消耗品当垃圾一扫而光，或者乱扯乱扔客房用品等，领班应及时对其加强爱护客用品的教育，使其尽量减少浪费和人为的破坏。

2. 建立客用品的领班责任制

各种客用品的使用主要是在楼层进行的，因此，使用的好坏和定额标准的掌握，关键在领班。建立楼层客用品的领班责任制，是客房部对客用品的第二级控制。

（1）楼层配备客用品管理人员，做到专人负责。楼层可设一名兼职的行政领班和一名业务领班。行政领班负责楼层物资用品的领发和保管，同时协助业务领班做好对服务员清洁、接待工作的管理。小型酒店则不设行政领班，而由楼层领班兼管物资用品的保管和领发工作。

（2）领班每天汇总本楼层消耗用品的数量，向库房报告。

（3）领班每周日应根据楼层的存量和一周的消耗量开出申领单，交客房中心库房。

（4）每月底配合客房中心库房的物品领发员盘点各类用品。

（5）随时锁好楼层小库房门，工作车按规定使用。

3. 客房部对客用品的控制

客房部对全酒店各楼层客房用品的控制，可以从两个方面着手：一是通过客房中心库房的管理员（物品领发员）负责整个客房部的客用品领发、保管、汇总和统计工作；二是楼层主管应建立相应的规范和采取措施，使客用品的消耗量在满足业务经营活动需要的前提下，达到最低限度。这就是第三级控制。

（1）中心库房对客用品的控制。设立客房部中心库房的酒店，可由中心库房的物品领发员或客房服务中心对客房楼层的客用品耗费总量进行控制，负责统计各楼层每日、每周和每月的客用品使用损耗量，结合客房出租率及上月情况，制作每月的客用品消耗分析对照表。

（2）楼层主管对客用品的控制。楼层主管或客房部经理对客用品的控制主要通过制定有关的管理制度和加强对员工的思想教育来实现。

（3）防止客人的偷盗行为。这就要求酒店实行访客登记制度，尽可能少设置出口通道，对多次性消耗用品如烟灰缸、茶杯、茶叶盒等，可标上酒店的标志，管理好工作车，将衣架固定起来等。

练一练

××酒店客房共 100 间标准间，每间客房每天配备 4 只玻璃杯，每间每天损耗率为 1%。根据计算客房平均出租率为 80%，那么该酒店本年度玻璃杯的消耗定额应为多少只？

点评： A=B×X×F×R=100×80%×365×4×1%=1 168 只。

知识延伸

客房用品的种类繁多，在购买时必须坚持四项原则：

（1）实用。客房用品是为了方便客人的住店生活而提供的，所以要做到实用。

（2）美观大方。美观而大方的客房用品布置在清洁舒适的客房，是酒店档次的重要标志。

（3）适度。客房用品应能体现酒店的档次并突出风格、特色，而不是种类越多越好。

（4）价格合理。现在，客房用品的供应商越来越多，酒店选购客房用品时可以好中选优、优中选廉。因为客房用品的耗用量很大，所以价格因素很重要。

酒店在选择客房用品时应遵循上述四条原则，并结合工作经验和具体情况来进行。有时，别出心裁的选择可以收到意想不到的效果。如某酒店的客房中提供了小袋的洗衣粉，这不仅为客人洗内衣等小物件提供了方便，同时还节省了香皂的发放量。

课后练习

一、名词解释题

1. 一次性消耗品
2. 多次性消耗品
3. 4R

二、判断题

1. 客房日耗品是放在客房内供客人使用的，属于多次性消耗品，不允许客人带走，但经常会被客人当作纪念品带走。（　　）

2. 楼层领班对服务员的控制，是客房部对客用品的第二级控制。（　　）

三、不定项选择题

1. 以下属于客房日耗品的有（　　）。

A. 香皂　　B. 茶水具　　C. 牙刷　　D. 烟灰缸

2. 客房用品的发放应根据楼层工作间的配备标准和消耗情况，规定使用周期和领发时间，一般是（　　）发放一次。

A. 一年　　B. 一个月　　C. 一星期　　D. 三天

3. 客房部对客用品的日常控制，可通过（　　）进行。

A. 楼层领班对服务员的控制　　B. 建立客用品的领班责任制

C. 客房部对客用品的控制　　D. 客房主管对客用品的控制

四、简答题

1. 客房用品的日常管理可从哪些方面进行？

2. 客房部如何实现对客用品的控制？

项目四　PA 服务与管理

项目背景

管家部里有一个并不起眼但是又非常重要的部门，他们负责酒店所有公共区域的卫生，力求为客人提供一个干净、卫生、舒适的环境，他们默默奉献并且必不可少，那就是 PA（Public Area）部。从楼层服务员到客房服务中心，今天终于轮岗到了 PA 部，小陈对此非常期待，她希望通过自己的努力可以为客人营造一个干净、卫生、舒适的环境。

项目概览

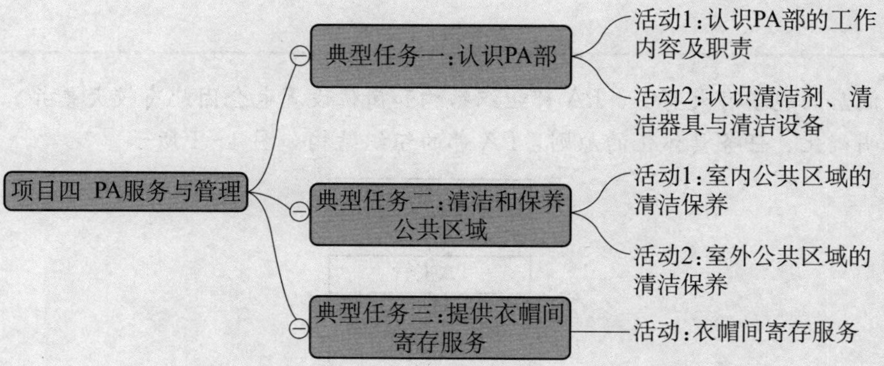

典型任务一　认识PA部

学习目标

1. 熟悉PA部服务员的工作内容和岗位职责。
2. 了解清洁器具的使用及保养要求。

预备知识

酒店的规模有大有小，PA部组织结构和岗位设置也会因此有较大差异。依照责任明确化、任务具体化的原则，PA部的组织结构如图4-1所示。

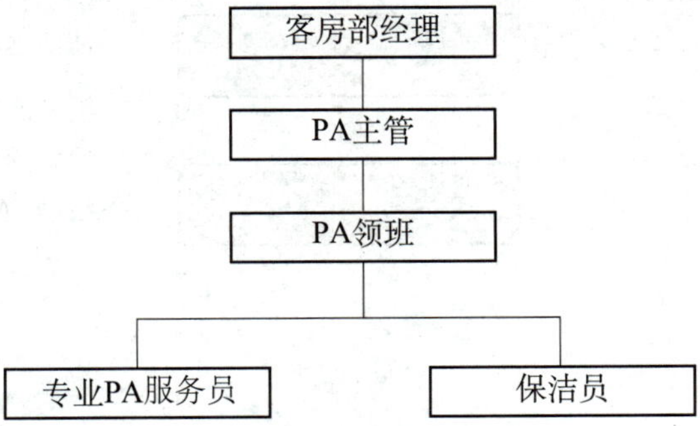

图4-1　PA部的组织结构图

活动 1 认识 PA 部的工作内容及职责

情境导入

轮岗申请

场景：PA 部

角色：客房部单经理、杨主管，客房服务员小陈

情境：在客房服务中心工作了近半年，小陈已经掌握了客房服务中心的工作内容和流程，想轮岗到 PA 部。鉴于工作中的优秀表现，客房部单经理协同杨主管，决定给予小陈轮岗的机会。

杨主管：“小陈，近半年来，你在客房服务中心工作得非常不错，所以，我们决定通过你的轮岗申请，让你更深入地了解整个客房部的工作。但 PA 部服务员的工作繁重而且琐碎，你要做好准备啊。”

单经理：“没错，PA 部负责酒店公共区域卫生的清洁和打扫，涉及范围广，工作繁杂，你要好好努力啊，我相信你一定可以的。”

小陈：“谢谢单经理，谢谢杨主管，我会努力的。”

任务：请以小陈的身份认真学习 PA 部的工作内容和员工的岗位职责等知识。

一、PA 部的工作内容

PA 部负责整个酒店公共区域的卫生管理工作，管辖范围广，工作繁杂琐碎，劳动强度大，是酒店一个非常重要的部门。PA 部的工作内容具体如下：

（1）全面负责酒店室内和室外（厨房除外）的卫生清洁工作。

（2）负责酒店内外的绿化、美化工作。

（3）负责酒店卫生防疫工作和喷杀“四害”（苍蝇、蚊子、老鼠、蟑螂）工作。

（4）负责公共区域设备的管理工作，包括消防设施。

二、PA 部员工的岗位职责

为了保证酒店公共区域的卫生，PA 部员工必须 24 小时值班，不间断地进行清洁打扫，以确保酒店公共区域随时保持清洁卫生。具体岗位职责如下：

1. 前厅 PA 服务员的主要职责

（1）负责前厅范围内地面及地毯清洁、烟盅清洁、台面清洁，确保大堂保持清洁、美观。

（2）负责前厅的墙壁、客用沙发、壁灯、指示灯、客梯的清洁工作。

（3）负责前厅云石地面、花岗岩地面的清洁、翻新保养打蜡工作（一般在深夜进行）。

(4) 负责前厅地毯、沙发、墙布的洗涤工作（一般在深夜进行）。

2. 公共洗手间 PA 服务员的主要职责

(1) 负责客厕内的卫生清洁，始终保持洗手间内卫生符合标准，无异味。

(2) 确保客厕内给客人使用的物品齐全，如厕纸、面纸、洗手液、毛巾等。

(3) 礼貌地为客人提供规范化的服务，如开关水龙头、递上毛巾、开关门等。

(4) 负责准备和保管客厕内的一切清洁用具，确保随时可以使用。

(5) 如发现客人的遗留物品，应及时交给大堂副理处理。

3. 室外 PA 服务员的岗位职责

(1) 负责店外公共区域的清洁打扫工作。

(2) 负责酒店外围绿化带、空中花园、草坪植物的日常护理工作。

(3) 负责给花草植物进行修剪除杂草、浇水、施肥、打药、杀虫保养工作。

(4) 负责酒店卫生防疫工作和喷杀四害工作。

想一想　PA 部员工应该具备怎样的素质？

点评：(1) 良好的仪容仪表和礼貌礼节；(2) 吃苦耐劳的敬业精神；(3) 拾金不昧的职业素养；(4) 敏锐的察觉力和安全警惕性；(5) 良好的设备保养和节能降耗意识；(6) 娴熟的业务技能和丰富的专业知识；(7) 自律性强，责任心强；(8) 孜孜不倦的学习和创新能力。

知识延伸

酒店公共区域的清洁工作，若要进行得顺利而又避免对客人造成打扰，事先必须合理地进行排班，每个区域每个时间段必须有足够的人手，还要配合酒店各部门的营业时间。每位工作人员必须清楚地知道自身所负责的工作范围、区域和工作内容，力求在规定时限内，将职责范围内的工作完成。

活动 2　认识清洁剂、清洁器具与清洁设备

情境导入

场景：PA 部

角色：PA 部李领班、客房服务员小陈

情境：在了解了 PA 部的工作内容和员工的岗位职责后，小陈开始在李领班的带领下学习清洁剂和清洁器具的知识。

李领班："小陈，PA部的工作内容和职责都记好了吗？还有什么不懂的吗？"

小陈："李领班，工作内容和职责我都记好了，但是很多清洁剂和清洁器具与设备都不认识，更不知道怎么用。"

李领班："每一样清洁剂都有不同的用途，今天我就给你介绍一下各种清洁剂和清洁器具与设备，你要好好听，做好笔记啊！"

小陈："好的，谢谢李领班，我一定好好学。"

任务：请以小陈的身份，认真学习清洁剂及清洁器具与设备的使用。

为了做好清洁保养工作，必须借助安全高效的清洁剂和现代化的清洁器具与设备。不同的清洁剂和清洁器具与设备有着不同的用途，只有正确使用清洁剂和清洁器具与设备，才能够达到清洁的效果。反之，不但效果达不到，还会破坏被清洁的物品，损坏清洁机械和工具，造成人力和物力的浪费，特别是会破坏整个酒店的外观形象。所以，PA人员在上岗前要进行清洁剂和清洁器具与设备使用的培训，了解其使用性能，懂得如何使用各类清洁剂和清洁器具与设备，以便在日常的清洁保养工作中能正确选择使用不同的清洁剂和清洁器具与设备，做好清洁保养工作。

一、清洁剂的种类及用途

清洁剂的基本类型主要有三种：酸性清洁剂、中性清洁剂和碱性清洁剂，如表4-1所示。

表4-1　清洁剂类型

种类	pH	图例	用途	优点	缺点
酸性清洁剂	1～6		酸性清洁剂具有一定的杀菌除臭功能，主要用于计划卫生	能中和尿碱、水泥等顽固斑垢	有腐蚀性，对使用者肌肤易造成损伤，地毯、石材、木器和金属器皿等禁止使用
中性清洁剂	6～8	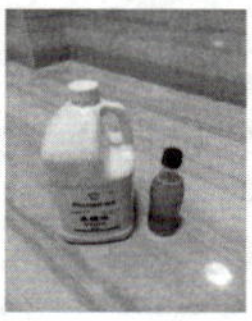	在日常清洁卫生中被广泛运用。酒店广泛使用的多功能清洁剂即属此类	对物品腐蚀、损伤很少，有时还可起到保护被清洁物的作用	无法或很难去除积聚严重的污垢
碱性清洁剂	8～14		应用较广泛，有的碱性清洁剂不但有清洁作用，还有保护、保养作用	清除油脂类脏垢和酸性污垢有较好效果	使用前应稀释，用后应用清水漂清，否则时间长了会损坏被清洁物的表面

1. 酸性清洁剂

酸性清洁剂的pH在1～6之间，通常为液体，也有少数为粉状。酸性清洁剂具有一定的杀菌除臭功能，还能中和尿碱、水泥等顽固斑垢，主要用于卫生间的清洁。因此，一些强酸清洁剂可用于计划卫生。其缺点是有腐蚀性，对使用者肌肤易造成损伤，所以在用量、用法上都需特别留意，一般可参照说明书使用。最好先做小面积试用，掌握好用量和用法后才可推广使用。有些物体禁止使用酸性清洁剂，如地毯、石材、木器和金属器皿等。

目前酒店常用的酸性清洁剂大致有以下几种：

（1）盐酸（pH=1）。盐酸主要用于清除基建时留下的污垢，如水泥、石灰等斑垢，效果明显。

（2）硫酸钠（pH=5）。硫酸钠能与尿碱起中和反应，可用于卫生间马桶的清洁，但不能常用且必须少量，以防腐蚀物体表面。

（3）草酸（pH=2）。草酸的用途与盐酸、硫酸钠相同，只是清洁效果更强于硫酸钠，使用时要特别注意。

客房部可少量配备以上三种酸性清洁剂，主要用于清除顽固尘垢或计划卫生，但需妥善管理和使用。使用前必须将清洁剂稀释，不可将浓缩液直接倒在被清洁物表面，否则会损伤被清洁物和使用者的皮肤。

（4）马桶清洁剂（1＜pH＜5）。马桶清洁剂呈酸性，但含合成抗酸剂，以增加安全系数，有特殊的洗涤除臭和杀菌功效，主要用于清洁卫生间马桶、洗手盆等用具。使用时应先按说明书稀释，且注意必须倒在马桶的清水中，不能直接倒在被清洁物表面，刷洗后须用清水冲净。在具体安排时，住客房应使用弱酸性清洁剂，如多功能清洁剂，走客房使用较强酸性马桶清洁剂，这样既能保证清洁卫生质量，又可缓解强酸对用具表面的腐蚀。

2. 中性清洁剂

化学上把 pH=7 称为中性，而在商业上则把 pH 在 6～8 之间的清洁剂皆称为中性清洁剂。其配方温和，对物品腐蚀、损伤很少，有时还可起到保护被清洁物的作用，因此在日常清洁卫生中被广泛运用。酒店广泛使用的多功能清洁剂即属此类。中性清洁剂有液体、粉状，也有膏状。中性清洁剂有一个缺点，即无法或很难去除积聚严重的污垢。为增强除污效果、提高清洁功效，生产厂家往往在中性清洁剂中添加一些其他化合物，其中最常用、最大量的即为表面活性剂。表面活性剂是一种能有效减小溶剂表面张力，使得污垢与被清洁物结合力降低的一种物质。控制其含量多少和质量高低可形成各种去污效果不同的清洁剂。

目前酒店常用的中性清洁剂大致有以下两种：

（1）多功能清洁剂（7＜pH＜8）。多功能清洁剂略呈碱性，含有表面活性剂。由于性质温和，对物体表面很少有损伤，具有防止家具生霉的功效，因此宜用于日常卫生，但不能用于洗涤地毯，对特殊污垢作用不大。

（2）洗地毯剂。这是一种专门用于洗涤地毯的中性清洁剂，因含泡沫稳定剂的量有区别，可分为高泡和低泡两种。高泡用于干洗地毯，低泡一般用于湿洗地毯。用低泡洗地毯时宜用温水稀释，去污效果更好。

3. 碱性清洁剂

碱性清洁剂的 pH 在 8～14 之间。碱性清洁剂对于清除油脂类脏垢和酸性污垢有较好效果。但在使用前应稀释，用后应用清水漂清，否则时间长了会损坏被清洁物的表面。碱性清洁剂既有液体、乳状，又有粉状、膏状。在碱性清洁剂中也可添加一些其他化合物，如漂白剂、泡沫稳定剂、香精等。

目前酒店常用的碱性清洁剂大致有以下几种：

（1）玻璃清洁剂（$7<pH<10$）。玻璃清洁剂一般呈中性或碱性，有桶装和高压喷罐装两种。前者类似多功能清洁剂，主要功能是除污斑，使用时不可用抹布蘸清洁剂直接擦拭，以免造成玻璃面发花。正确的使用方法是装在罐壶内对准脏迹喷一下，然后用干布立即擦拭即可使玻璃光亮如新。后者内含挥发性溶剂、芳香剂等，可去除油垢，用后留有芳香味，同时在玻璃表面留下透明保护膜，更方便以后的清洁工作，省时省力，效果好，但价格较高。

（2）家具蜡（$8<pH<9$）。在日常客房清洁中，服务员只是用抹布对家具进行除尘，或用经稀释的多功能清洁剂去除家具表面的油污等，但长期使用多功能清洁剂会使家具表面失去光泽，因此还应定期使用家具蜡。家具蜡有乳液状、喷雾型、膏状等几种，具有清洁和上光的双重功能，既可去除家具表面的动物性和植物性油污，又可形成透明保护膜，防静电、防霉。使用方法是倒适量家具蜡在干布或家具表面，擦拭一遍，这一遍是清洁家具；15分钟后再用同样方法擦拭一遍，这一遍是上光，通常擦拭两次之后效果较好。

（3）起蜡水（$10<pH<14$）。用于需要再次打蜡的大理石和花岗岩等石质地面，起蜡水碱性强，可将陈蜡及脏垢浮起而达到去蜡功效。使用时应注意需反复漂清地面后才能再次上蜡。

二、清洁器具种类及用途

随着工业的进步和大功率机器的出现，酒店以往许多传统的清洁方式已经有了很大的改变。有些经过改良的传统工具在清洁过程中仍能发挥其独特的作用。

1. 扫帚

扫帚的作用就是扫走大颗粒的脏物，主要用于清扫酒店室外或后台区域的地面。

2. 簸箕

簸箕，是用于撮起集中的垃圾，然后再将垃圾倒入垃圾容器的清洁工具，应和扫帚同用。簸箕用金属或塑料制成，用后要及时倒净，并定时刷洗。有的簸箕附有长的手把和盖子，以防止垃圾撒掉。在前台公共区域清扫时，最好使用提合式簸箕，较为美观和方便。

3. 拖把

在清洁工作中除使用各式各样已经定型的机器外，拖把仍然被普遍地使用。酒店中所用的拖把有圆头型和扁平型两种，主要用于清洁平滑的地面，其尺寸可大可小，取决于使用的场所和部位。拖把头应可以拆卸，以便换洗，最好能用机洗。使用过后要洗净晾干，挂放起来，以防霉、防滋生细菌。拖把在有损坏迹象时就要换新。

拖把亦称水拖把，与之相配套的器具有挤水器（拧拖布器）、地拖桶和地拖车。

（1）挤水器。其作用是拧干拖布，通常有滚轴式、下压式和边压式三种，其中以下压式较好。滚轴式容易损伤棉质拖布的纤维，所以较少使用。

（2）地拖桶。一般由金属、不锈钢或塑料制成。地拖桶可分为两个部分：一部分用于存放清洁剂，另一部分存放冲洗拖布用水。

（3）地拖车。由清洁桶、挤水器和车架组合而成，有单桶式和双桶式。通常挤水器可架在清洁桶沿上，清洁桶则安装在带有轮子的车上，也可将轮子直接安装于桶底。清洁桶内壁往往有定量刻度标志，以便配制清洁剂溶液时使用。

4. 尘推

尘推亦称尘拖、万向地推，主要用于光滑地面的清洁保养工作。尘推由尘推头、尘推架两个部分构成。尘推头有棉类和纸类两种。棉质尘推头价格稍贵，但可以洗涤且较耐用；纸类价格稍低，使用方便，但不耐用。

尘推架多为金属制成，长度可分为 45cm、60cm、90cm 及 120cm 几种；宽度有 7.5cm、12.5cm 两种。一个尘推架可以配备多个尘推头，尘推应根据所使用地面的情况选用相应的规格。

5. 抹布

抹布是清洁家具设备及其他物品表面卫生的主要用具。根据清洁用途的不同，抹布应制成不同的尺寸，并选用不同质地和颜色的布料。如客房除尘和清洁卫生间的抹布应分开；清洁不同卫生洁具的抹布也应严格加以区别；擦拭玻璃、镜子不能用毛巾类的抹布，应用平纹布；擦拭电视机屏幕应选择柔软的干布如绒布；等等。这样既可防止抹布的交叉使用，又便于操作和提高清洁质量。

6. 玻璃清洁器

擦玻璃是服务员清洁卫生工作中比较费时费力的一项，使用玻璃清洁器则可提高工作效率，而且安全可靠、简便易行。玻璃清洁器主要由伸缩杆、T 形手柄、橡皮滚轴和其他配件构成。

7. 油灰刀

油灰刀用于去除黏固在地面上或其他地方的口香糖胶等难以清洁的污垢。

三、常见的清洁设备及用途

酒店清洁保养虽然离不开人工操作，但在科技发展日新月异的时代，要不断提高酒店清洁保养的水准，还需借助现代化的清洁设备。根据设备是否需要电机驱动，酒店常用的清洁设备可分为一般清洁设备和机器清洁设备两大类。

1. 一般清洁设备

酒店清洁保养工作中最常用的、不需要电机驱动的一般清洁设备主要是指房务工作车。

房务工作车是客房服务员清洁客房时用来运载物品的工具车，多为三层，其大小应以能够存放一名服务员一天所负责打扫的客房全部所需用品和有关工具为宜。房务工作车配有用来存放客房替换下来的待洗布件的布件袋，及用来存放垃圾的袋子，顶部的许多小格可装客房日耗品，如图 4－2 和图 4－3 所示。这样可省去工作中送取用品的时间，从而减轻劳动强度，提高工作效率。工作车通常安装两只定向轮、两只万向轮，便于转向移动。为防止房务工作车行进时碰伤墙纸、门面或留下痕迹，边框应有泡沫或包有橡胶条。另外，当房务工作车停在客房门口时，也可以成为“正在清洁房间”的标志。

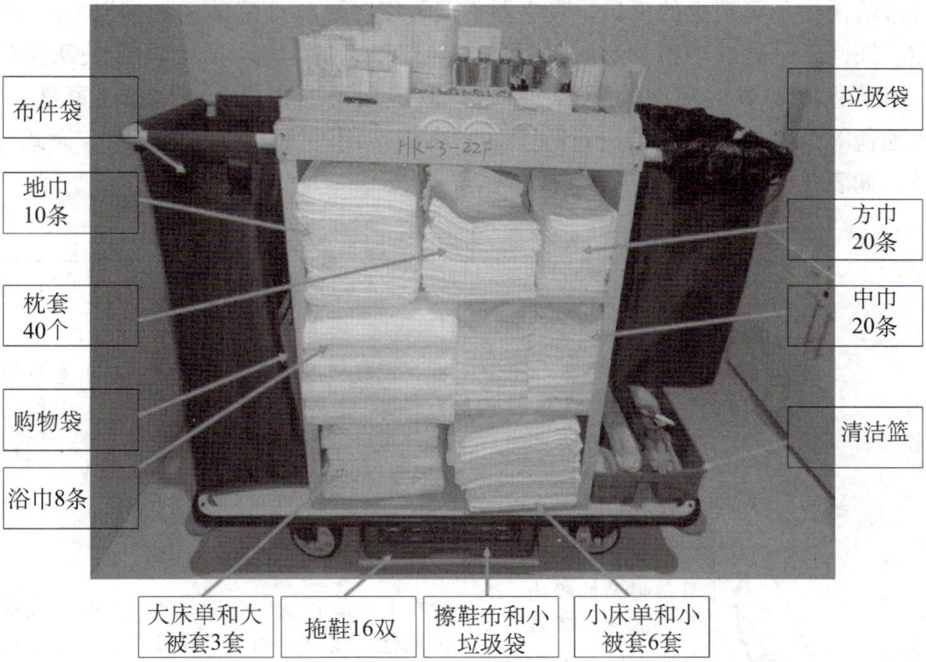

图4-2　房务工作车侧面

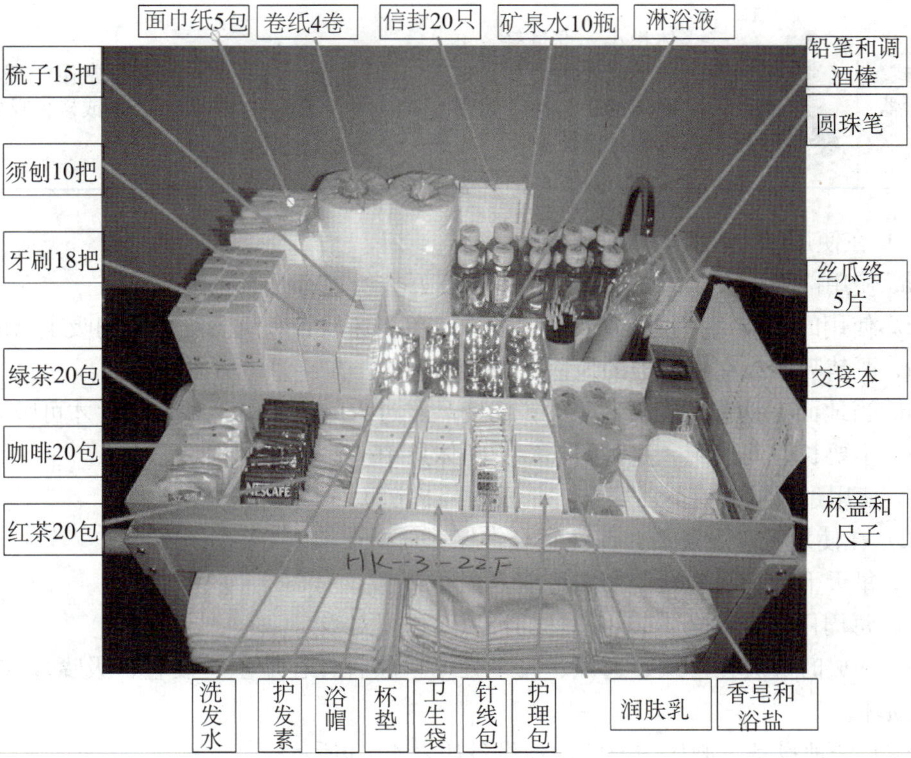

图4-3　房务工作车顶层

2. 机器清洁设备

（1）吸尘设备。酒店的吸尘设备主要是指吸尘器，全称为电动真空吸尘器，它是酒店日常清洁中不可缺少的工具。吸尘器不但可以吸除其他清洁工具难以清除的灰尘，如缝隙、凹凸不平处、墙角及形状各异的各种摆设上的尘埃，而且不会使灰尘扩散和飞扬，清洁程度和效果都比较理想。因此，其应用范围很广，如地板、家具、帘帐、垫套和地毯等都可使用吸尘器进行除尘。酒店中常用的吸尘器有直立式、筒式、背式等几种，如表 4－2 所示。

表 4－2　吸尘设备种类

种类	图例	优点	缺点	适用范围
直立式吸尘器		使用者不用弯腰曲背，非常方便	直立式吸尘器的吸嘴通常较为高阔，不利于清洁“矮脚”家具底下或楼梯；部分噪声大	在非营业时间清洁大面积的地毯或餐厅等公共区域
筒式吸尘器		具备强劲的吸力，有利于清理“矮脚”家具底下或其他浅窄的地方	没有电动旋转刷的辅助，清理地毯的效果不如直立式吸尘器显著	清理不太脏的地毯；适合在楼层客房内使用
背式吸尘器		体积小、重量轻，可灵活地使用带有其他附件的手持棒，无须配置其他设备	—	常用于登高吸尘或楼梯吸尘

1）在使用吸尘设备时，应注意：

a. 使用前先检查尘袋是否清尘、是否安好并听声音是否正常。

b. 使用时不能用力拉软管及电源线，以免损坏软管和机器，要使用吸尘器的把手。

c. 严禁吸水或在未干透的地毯上使用吸尘器。

d. 当地面有铁钉、碎玻璃等尖锐的物品或过大的垃圾时，须清除后才可吸尘。

e. 不要长时间使用，如时间长应中间休息 15 至 20 分钟。

f. 使用过程中如有异常声响，请及时停机送工程部检修。

2）在使用吸尘设备后，应注意经常保养，要点如下：

a. 每天下班前吸尘器需彻底清洁。

b. 每周用吸尘器对尘袋、马达的进风口进行对吸。

c. 存放时应放在干燥、通风、安全处，将软管挂在墙上，硬管、吸嘴放在箱子里以免损坏。

（2）洗地设备。酒店主要的洗地设备如表 4－3 所示。

表 4-3 酒店主要洗地设备种类

种类	图例	优点	缺点	使用范围	注意事项	保养方法
洗地毯机		工作效率高、省时省力、节水节电	操作较笨重，对地毯破坏性较大，不宜多用	清洗纯羊毛、化纤、混纺以及植物纤维等地毯	出泡后才开始清洗地毯；电源线要放在身后，以免引起意外	机器每周清洁一次
吸水机		具有很强的吸水功能，还可以与洗地毯机配套使用，彻底抽除地毯根部的顽固残渣	—	清洗纯羊毛、化纤、混纺以及植物纤维等地毯，清洁各种有水的地面	使用前，检查储水箱的水是否已倒干净。使用后，倒掉污水后用清水冲洗，再用干布抹干	每周对机身进行一次打蜡保养
吹风机		可以缩短地面及地毯的干燥时间，提高清洁效率	—	厕所、厨房等的各种潮湿地面	发现有异常声响要及时停机。使用过程中，要两小时左右巡查一次	每月用吸尘器对进出风口进行吸尘清洁
洗地机		集喷、擦、吸于一身，将擦洗地面的工作一步完成，提高清洁效率	—	酒店的大厅、走廊、停车场等大面积的地方	电源线要放置在身后，防止意外。不要碰撞到玻璃制品、墙壁边角及木器	每周对水箱进行一次大清洁
高压喷水机		—	—	垃圾房、外墙、停车场、游泳池等处	不可对着人或易碎品冲洗；要等机器里没有空气后再启动电源	每周清洗一次清洁剂箱、喷头

练一练

情境模拟：工作车的清洁与保养及物品补充。（附评分表）

工作车清洁与物品补充模拟评分表

项目	要求	得分
清洁工作车（30分）	全面清洁工作车、操作规范	
补充布草（30分）	将布草放入工作车，操作规范、位置恰当	
补充其他客用品（40分）	把其他客用品放入工作车最上层格子内，操作规范	
合计		

知识延伸

为了有效地使用清洁剂，充分发挥其效能，减少浪费，提高清洁保养工作的安全性，应对酒店常用清洁剂进行严格的管理与控制。在使用过程中，应注意以下几点：

(1) 一般清洁剂皆为浓缩液，使用前必须严格按照使用说明进行稀释。若清洁剂溶液浓度高，则既浪费清洁剂，又对被清洁物有一定的损伤作用；若浓度过低，则起不到清洁效果，达不到酒店清洁保养的要求，影响酒店服务质量。

(2) 不能使用粉状清洁剂。因粉状清洁剂多由非常细小的颗粒组成，对被清洁物表面尤其是卫生洁具表面有一定摩擦作用，会损伤物体的表层。同时粉状清洁剂在溶解过程中易于沉淀，往往难以达到最佳的清洁效果。

(3) 应根据被清洁物不同的化学性质、用途及清洁保养要求选择合适的清洁剂，达到酒店清洁保养的标准。

(4) 清洁剂在首次使用前，应先在小范围内进行试用，效果良好的才可以在大范围使用。

(5) 应做好清洁剂的分配控制工作，减少不必要的浪费。

(6) 高压罐装清洁剂、挥发溶剂清洁剂以及强酸、强碱清洁剂在使用中都应特别注意安全问题。前两者属易燃易爆物品，后两者对人体肌肤易造成伤害。在日常工作中服务员应掌握正确的使用方法，配备并使用相应的防护工具，严禁在工作区域吸烟等。

(7) 任何清洁剂一次使用过多都会对被清洁物产生不同程度的副作用，甚至是损伤，因此，不能养成平日不清洁，万不得已时再用大量清洁剂清洗的坏习惯。这种方法既费时费力，效果也不好，同时不能指望好的清洁剂对任何陈年脏垢都非常有效。

(8) 酒店应根据各自的资金状况选择适合的清洁剂。

(9) 各酒店选择清洁剂时应以实际有效成分含量及质量为标准，不能以颜色深浅、泡沫多寡来衡量，最好要求卖方做示范，并且应考虑到环保要求，在资金允许的情况下，尽量选择对环境污染较小的清洁剂，如无磷清洁剂等。

课后练习

一、简答题

1. PA 部的工作内容有哪些？
2. 简述清洁剂的种类。

二、不定项选择题

1. 酒店常见的酸性清洁剂有(　　)

A. 盐酸　　B. 硫酸钠　　C. 草酸　　D. 马桶清洁剂

E. 清毒剂

2. 酒店常用的清洁器具有(　　)。

A. 扫帚　　B. 拖把　　C. 抹布　　D. 簸箕

典型任务二　清洁和保养公共区域

学习目标

1. 了解公共区域的概念。
2. 了解公共区域保养的意义。
3. 熟悉公共区域清洁保养的方法及要求。

预备知识

酒店的公共区域在英文中为Public Area，简称为PA，所以有人又将公共区域称为PA区。

一、公共区域的概念

酒店内凡是公众共有共享的活动区域都叫公共区域。酒店的公共区域可划分为室内公共区域和室外公共区域两个部分，如表4-4所示。

表4-4　酒店公共区域的范围

公共区域划分	室内公共区域	室外公共区域
公共区域范围	前台公共区域：客人活动的场所，如酒店大堂、餐厅、康乐中心、会议室、舞厅、电梯、客用洗手间等； 后台公共区域：员工活动和工作的场所，如员工更衣室、员工餐厅、员工电梯、员工宿舍、员工通道等	酒店外墙、花园、前后大门、停车场、草坪、绿化带等

一个酒店从发展到成功，除了需要有良好的服务质量和完善的设备设施，酒店的卫生清洁保养工作也是不可忽视的重要环节，它不仅体现着酒店管理层的能力，甚至关系到酒店的成败兴衰。事实上，酒店客人对酒店清洁保养工作的评价并无确切理性的衡量指标，更多的是依靠自己身处酒店的感官感受。

二、酒店公共区域清洁保养的意义

公共区域的清洁保养是指对酒店的大堂和后台区域的环境及设备进行清洁与保养。公共区域的清洁保养工作是客房部的重要工作，工作的好坏直接反映管理的水平。清洁保养做得好能创造良好环境，吸引客人，延长设备使用寿命。

1. 公共区域的整洁程度直接反映酒店的管理水平

当客人到达酒店时首先看到的是酒店的公共区域。无论是庭院、大堂还是公共卫生间都是必然要进入客人视线的部位，这些部位的卫生是尤为重要的。客人到达时看到的是处处干净，没有纸屑、烟头、垃圾，没有尘土的整洁环境，就会感到心中满足。反之，客人到达时，到处都很脏乱，卫生一团糟，就会产生厌倦的心理，感觉到酒店对他们的不重视。因此，无论什么档次的酒店都要加强公共区域的卫生管理，给所有到达的客人留下美好的印象，使客人真正体会到家的感觉，同时也使客人能够判断出酒店的管理水平。

2. 创造良好的卫生环境，吸引宾客，增加经济效益

卫生环境的好坏，是影响客人消费的主要因素。人们到外消费都要追求物有所值，愿意花钱买舒适、卫生。无论什么样的客人都喜欢干净、整洁的环境，没有人愿意花钱到一个卫生差的环境中去，所以卫生工作在服务行业中是很重要的。同样档次标准的酒店，客人必然要选择卫生条件好的，因此，创造良好的卫生环境，客人就会增多，就会给酒店带来良好的经济效益。

3. 对设备进行有效的保养，延长使用寿命，降低开支

对公共区域的各类设备进行有效的保养，是清洁保养工作中一项很重要的任务。设备的保养不但会影响到客人的正常使用，同时也影响到设备的使用寿命，这就要求公卫人员在工作中要十分重视。设备的保养包括两个方面：一是清洁过程中的保养，要严格按照清洁程序和要求进行，使用专用的工具和清洁剂进行清洁，以免损坏各类设备；二是在工作中要注意对设备的检查，发现问题要及时报修，不能让有损坏的设备继续使用，否则会加快设备的损坏。所以设备的保养工作做得好，就可以使设备延长使用的寿命，减少不必要的更新、更换，降低开支，节约酒店的费用。

活动 1　室内公共区域的清洁保养

情境导入

上岗实操

场景：PA 部

角色：PA 部李领班、客房服务员小陈

情境：经过了一个星期的培训，小陈已经熟悉了各种清洁剂以及清洁器具、设备的使用方法。

李领班："小陈，一个星期的培训收获怎样？了解了各种清洁剂和清洁器具、清洁设备的使用方法了吗？"

小陈："谢谢李领班的培训指导，这一个星期我收获了很多，了解了日常清洁中要用到的各种清洁剂和清洁用具的使用方法，现在很期待去实操啦。"

李领班："很好，现在就给你现场实操的机会，今天我们进行室内公共区域的清洁保养，你可要好好学啊。"

小陈："真的吗？谢谢李领班，请你放心，我一定好好学。"

任务：请以小陈的身份认真学习室内公共区域的清洁保养等内容。

一、室内公共区域的清洁

1. 大堂

大堂是酒店的门面，也是酒店中客流量最大、宾客出入最频繁的区域，需要不断地清洁保养，给宾客留下良好的印象。大堂地面的铺砌和四周环境的装潢以及装饰物的摆设，往往关系到酒店留给客人的第一印象。大堂客流量大，地面、家具及装饰物极易受尘埃污染，如何做好这些方面的清洁保养，直接反映酒店形象和服务水平。

（1）大堂清洁卫生的内容。

1）及时清洁大堂地面。雨雪天气常常会给大堂的清洁工作带来一系列的难题，人们的鞋底会把冰雪、雨水或泥沙带进大堂。因此，在这种天气下要在大堂入口处铺上蹭脚地垫，同时要安排专人对大堂入口处进行及时的清洁，不断地用地拖擦地，确保地面没有水迹，同时查看脚垫是否铺好，脚垫过湿要及时更换。

2）清洗和倾倒烟灰缸，是大堂当班公卫人员的另一项需要不间断进行的工作。同时还要负责保持大堂地面和地毯的清洁，用尘拖不断地清除地面的杂物和清扫地毯上的杂物。对大堂的进一步保洁，如地面的抛光、地毯的清洗，一般安排在夜间进行，因为那时来往的人员减少，对宾客的影响较小。

3）公共卫生间要随时保持清洁。对客人用过的卫生间，公卫人员要及时进行清理，如擦洗马桶内外、擦拭镜面和台面、卫生纸折角恢复原状、清倒纸篓等，并将滴落在地面上的水迹擦干，随时保持卫生间的卫生清洁，空气新鲜。

4）清洁大堂的大门及玻璃。由于客人进出频繁，难免会在门上和玻璃上留下手印和污迹，因此，公卫人员要及时地进行擦拭。这些部位是最难保持清洁的，要安排公卫人员不断地进行清洁。

5）大堂夜班公卫人员的主要工作内容是：用抛光机对地面进行全面的抛光和清洁，清洗地毯，擦拭铜器和皮革制品，擦拭吊灯和顶灯，擦净所有的门、窗和玻璃等。

（2）大堂清洁卫生标准。

1）保持大堂地面干净，定期打蜡保养。上蜡时，必须注意划区进行。操作时，提醒客人注意，以防止滑倒。

2）随时检查烟灰缸，缸内烟头不得超过三个。

3）各种铜件和电镀件要光亮无尘，定期擦拭上光。

4）门窗玻璃光亮、无污迹，对门窗玻璃要随时擦拭。

5）绿色植物及仿真植物摆放美观、无尘、无损。

6）沙发和座椅摆放整齐、无污、无损。

7）钢琴和琴台要每天擦拭、无浮土，琴身和琴台定期打蜡保养，保持光亮。

8）地毯干净，无污迹和渣物，每天吸尘，随时进行污迹的处理。

9）定期对公共区域的所有墙纸进行刷洗，如发现墙纸有破损需马上更换，保证无尘如新。

10）各种广告牌架无污、无尘，定期进行铜饰品的抛光，随时保持洁净。

11）遇雨雪天气，在大堂门口摆放伞架，加铺地垫和防滑标志，防止雨雪的水迹带入大堂内。

12）雨雪天气时安排人员及时擦拭地面水迹，保持地面干净，无水迹、无污迹。

13）大堂内的所有装饰物要保持无尘，定时擦拭。

14）对酒店大厅门口及台阶进行清洗冲刷，做好“三包”工作。

15）对电梯进行清洁和保养，擦电梯门，擦亮梯内镜面。对电梯内进行吸尘，保证无杂物，定期对电梯门、四壁进行上光打蜡，定期更换地毯。

16）对大厅内所有的茶几、沙发、桌子等家具及灯具、标牌、烟筒、烟灰缸、台灯进行清洁打扫，使之干净、明亮，光洁无尘。如果发现问题及时修理。

2. 电梯

电梯是使用率很高的设备，对它的清洁较频繁且要求及时。

（1）电梯清洁要求。

1）夜间清洁。由于白天的频繁使用，电梯不能得到彻底的清洁，夜间清洁就显得尤为重要，以保证第二天以整洁的面貌为宾客服务。

2）保证日常的随时维护。一般较大的酒店为保证电梯一天在使用过程中始终处于清洁状态，会安排员工轮流清洁电梯，主要是擦去客人留在门上、镜上或金属壁面上的手印，拾起掉在地面上的碎屑，擦拭扶手和脚踏板上的灰尘，检查电梯内的设备，如有损坏及时报修等。

3）选择适当的时间进行日常清洁。白天电梯使用频繁，但为保证电梯内处于清洁美观的状态，应及时进行清洁。清洁应避开客梯使用的高峰时间，各酒店住的客人不同，其使用电梯的高峰时间也不同，一般情况下，客梯在早6点至9点、中午11点至下午2点、下午5点至11点都属于使用的高峰时间，不应在这些时间内对电梯进行清洁。清洁电梯时不应在大堂的平面处进行，应选择客人出入不多的楼层，减少噪声，一般应选择在行政办公层或会议层，但也应视会议和宴会的情况而定。

4）电梯内地毯的保养。电梯内的地毯整天被踩踏，容易受损和不洁，要定期进行清洗，而电梯的空间狭小封闭，地毯清洗后不易干透，新的踩踏痕迹落在未干的地毯上，易造成地毯表面不美观，起不到清洁作用。建议购置备用的地毯，以解决地毯的清洗与使用的矛盾。

（2）电梯清洁程序。

1）打开电梯控制箱，按动指定按钮，使电梯停止运行。

2）示意客人的告示牌要放于电梯门前以示清洁工作正在进行。

3）清洁玻璃镜面。

4）用半干布抹电梯门（指塑料和胶条部分及木板）。

5）电梯门轨道清洁。

6）按动按钮，关上电梯门。

7）用无毛绒的抹布清洁电梯门及不锈钢部分。

8）地面清洁（保持无灰尘、杂物）。

9）把控制按钮恢复原位，关上控制箱，恢复电梯正常运行。每次派一名员工操作，停一部清洁一部，逐一进行。

3. 餐厅

餐厅是一个特殊的服务场所，需要及时地维护与清洁。清洁餐厅要视餐厅的营业情况以及宴会、多功能厅和会议厅的使用情况而定，要安排最佳的时间做好餐厅卫生工作。餐厅的卫生要求较高，这就要求公卫人员工作要细致全面。

（1）餐厅清洁保养工作的主要内容。

1）地面吸尘。每餐结束后清洁员都要对餐厅的地面进行吸尘。吸尘前要将地面的碎屑、牙签等捡拾干净，以免损坏吸尘器；吸地毯时要特别注意餐桌周围和桌椅下面的情况。

2）擦拭餐椅。每餐过后餐椅上都会留下用餐者的手印，椅腿上容易留下皮鞋油的黑迹，椅面上也会掉上渣物等，公卫人员都要擦拭干净。

3）擦拭墙面。餐桌附近的墙面，在客人用餐时极易溅上菜汁、油点等，特别是火锅餐厅，墙面更易污染，因此每餐后要及时地擦拭。

4）擦拭柜台和吧台。及时擦去柜台和吧台上的饮料及果汁，保持干净整洁。

5）对金属质地的物品和桌椅要擦拭去尘并上光。

6）擦拭吊灯、顶灯和其他灯具。

7）擦拭门窗玻璃。

8）定期清洗地毯和墙面的装饰布。

（2）餐厅清洁保养工作的原则。

餐厅作为宾客用餐的场所，卫生标准要求高，全天营业时间长，做好卫生清洁工作难度较大，因此在清洁餐厅时有以下原则：

1）清洁的时间性。对一日三餐或 24 小时开餐的餐厅，主要清洁工作应安排在夜间进行。夜间的彻底清洁为餐厅在白天基本保持干净打下了基础，白天早餐至午餐、午餐至晚餐中间只有 2～3 个小时，在这段时间必须安排员工对餐厅的清洁进行及时的维护。对于不开早餐的餐厅，各个酒店的清洁工作安排不一样，为节省夜班费用和便于管理，多数酒店在上午清洁餐厅，以保证清洁质量。因为夜间管理人员较少，大的清洁较多，有的会因照顾不过来，造成人力浪费和工作质量的下降。

宴会厅、会议厅和多功能厅由于使用率不像餐厅那样高，多数酒店会安排固定的人员清洁。除非每日都有宴会或会议举办，正常情况下，对宴会厅、会议厅和多功能厅有一套定期的清洁计划，根据清洁计划对其墙面、天花板、吊灯、地毯等进行逐项保养清洁。遇有临时的重大活动，在活动前安排清洁保养工作，以便能保障场所的正常使用。

对于夜间经营的夜总会、歌舞厅、酒吧等，一般清洁工作安排在下午到晚上开业前的这段时间。

2）清洁的及时性。餐厅特别需要及时的维护与清洁。一般在餐厅开餐前清洁人员已离开餐厅，而此时各种意外都有可能发生，如黄油掉到了地毯上、调味汁倾倒在地面上、咖啡或饮料倒在了椅子上或地面上，这时餐厅会随时找清洁人员。接到这方面的要求时，清洁员应了解是何种食品、发生在哪个部位、面积多大等情况，迅速做出使用何种清洁工具和清洁剂的决定，尽快赶到清洁的地点。如果不尽快设法将汁水稀释或溶化污点，使其被人踩踏，污渍就会扩大，并渗透到地毯的绒毛中去，将加大清洗工作的难度，有可能会留下永久性污点。

3）清洁工具、清洗方法和清洁剂的选用要得当。餐厅是客人用餐的地方，尤其是 24 小时营业的餐厅，有时公卫人员的清洁工作只能选择在客人较少的时间进行，因此清洁工具、清洗方法和清洁剂的选用尤为重要。使用的清洁工具要小巧、无噪声，不能够影响到餐厅内的客人。清洗用的抹布、拖地的拖把都应看上去清洁美观，要让客人看了放心。化学清洁剂要不带特别刺激的异味。

4）简易清洁工具的配备。餐厅服务员在营业时间内清理桌面和台面，并且要换桌布，以保证餐厅经营的正常进行。他们在工作中有时会将食物碎渣从桌面扫到地面或地毯上。为保证餐厅清洁的及时性，不使掉在地上的食物碎渣因踩踏而渗入地毯，可为餐厅配备小扫帚和簸箕，或对铺有地毯的餐厅配备地毯清扫器。清扫器既无噪声又不会带起灰尘，能利用静电磁力将地毯上的碎渣杂物吸起，以保持地毯的干净整洁。

4. 后台区域

除前台客人活动区域以外，酒店都有后台区域，主要包括员工走廊、员工电梯、员工更衣室和洗澡间、员工卫生间、员工餐厅及各部门的办公室等。

酒店每日都有许多员工在岗位上工作，他们的工作、休息、更衣、洗澡等的场所也应该是清洁的。后台区域同前台客人活动区域相比，面积较大，人员流量更大，使用频率也更高。保持后台区域的清洁，同前台区域一样，也需要大量的时间。令人遗憾的是，有些酒店比较重视前台对客服务部分，而往往忽视后台区域的清洁，造成后台区域的卫生状况差，设备损坏严重。试想，一方面要求在岗工作的员工保持酒店服务环境洁净无尘，另一方面对员工使用的场所的卫生状况漠不关心，员工怎么能够满意，怎么能够有心情为客人提供优质的服务呢？这种目光短浅的管理，不仅因为前后台不同的卫生条件伤害了员工的自尊心，甚至是对员工人格的不尊重，这样的管理必然要影响到酒店前台的服务质量。所以说后台的清洁水平往往也反映出酒店管理水平的高低。后台区域的清洁工作是相当重要的工作，不但要投入相当的物力，创造良好的条件，提高硬件的水平，还要安排适当的人力，每日进行清洁。后台区域的卫生标准应该与前台区域的卫生标准一样。

后台区域的卫生清洁工作也分为日常清洁和定期清洁两大类，应针对不同的场所、不同的功能，制订清洁计划。

（1）员工卫生间、员工更衣室、浴室需要日常清洁，应派专人负责清洁卫生。

（2）各办公室定期并经常巡视，以防发生偷盗和丢失。办公室的清洁一般安排在上班前或下班后，日常在中午倒一次垃圾。复印室要有专人负责，因为那里使用率高，来往人员繁杂，各种纸张多，最容易积累垃圾和灰尘。有些办公室由于保密和安全的需要，不便在无人情况下做清洁，对这些办公室要安排好时间表，与办公室人员协调。

（3）员工走廊、安全消防梯与员工电梯是员工经常使用和通过的区域，不宜在白天进行清洁，大清洁的时间应安排在夜间。对不同的地面材料应采用不同的清洁手段，如通体砖型的地面每天夜间应用多功能清洁剂兑水稀释后，用洗地机抛、磨，用吸水机吸干地面，白天只需安排人员检查拖扫地面，随时清理掉在地面的各类碎屑或洒落的饮料或菜汤等。对于铺天然大理石的地面，应视其使用情况安排对地面进行打蜡保养。打蜡保养工作不应该在白天做，日常只需要用尘推将地面推净。员工电梯间白天使用率过高，在白天正常清洁的基础上，夜间要进行彻底的清洁，从而保证员工电梯间的卫生。电梯箱内的墙面、地面、天花板和踢脚板应该每天夜间进行除尘。对后台区域的各通风口、空调口、电灯应定期在夜间安排清洁和除尘。

（4）后台区域的通道中有许多消防栓和灭火器等，应在日常清洁工作中进行擦尘，保证消防栓内无杂物、无垃圾，灭火器上无尘土。

二、室内公共区域的保养

公共区域的清洁一般分为两种：日常清洁和计划卫生。为保证公共区域处于清洁状态，使设备功能完好，给客人良好的印象，公共区域的主管应根据公共区域的各个部位及其功能、使用频率和清洁工作量、设备和人力的配备进行公共区域清洁保养，使公共环境整洁有序，完好如初。公共区域的清洁内容如表 4－5 所示。

表 4－5　公共区域的清洁

公共区域的清洁	日常清洁	计划卫生
清洁内容	大堂各种家具的除尘、地面的清洁、公共卫生间的清洁、各餐厅开餐后的清洁、客用电梯和自动扶梯的清洁、大门和玻璃的擦拭、铜件的抛光、车道和停车场的清洁、公用电话亭及电话的清洁、各种垃圾桶和烟灰缸的清洁等	墙面的清洗、地毯的清洗、各种大型吊灯的清洗、窗户的清洗、各种地面的抛光打蜡、家具的打蜡、空调器的清洁、餐厅座椅和沙发的清洗、喷泉水池的清洗、各区域的杀虫喷药等

计划卫生是日常卫生清洁工作的补充，是全面清整日常工作中没有做到的清洁工作。通过计划卫生能够对设备进行有效维护和保养，能够明确各项工作任务，合理安排人力和机器设备的使用。

1. 地面打蜡与保养

要保持好地面的清洁光亮、一尘不染，对硬地面进行打蜡保养是不可缺少的，蜡水可有效填补地面看不见的微孔，防止污渍的侵入，且能在地面表面形成一层有效的保护膜，既能防水、防尘，又能防止因摩擦损坏昂贵的石板地面，还能够使地面产生一种光亮、洁净、豪华、大方的效果。为了使上了蜡的地面能保持较长时间的洁净和光亮度，应在酒店大堂入口处铺设防尘防水地毯，这样既可以防止将灰尘和污水带入大堂，同时也增添了大堂的规范和雅致。另外，每天各班次用静电尘推和抹布及时将客人带入大堂内的灰尘和污水清理掉，会使清洁效果更完美。每天定时定质量地循环工作，地面才会永远光亮洁净。打蜡一般一个季度进行一次，但还要根据客人流量、地面的磨损程度，适时安排打蜡。

（1）做好打蜡的准备工作。地面打蜡应选择在干燥、晴朗的天气时进行。打蜡前，将需要打蜡的区域内的家具设备挪开，然后，备齐打蜡使用的全部用品和工具，要根据地面的质地，选择对应的、高效的蜡液和工具。

（2）清洗地面。地面打蜡之前，必须要将地面清洗干净，以保证打蜡的效果。清洗地面前要先起蜡，即用起蜡水及洗地机将地面的旧蜡起掉，残蜡较多的地方要用小刀铲净，保证地面无残蜡和污渍，然后用清水洗净。

（3）打蜡。待清洗干净的地面自然风干后，使用专用的工具将蜡液均匀地擦拭或喷洒在地面上。

（4）抛光。擦拭或喷洒过蜡液的地面，需经打磨后才会发光发亮，现在一般使用机器磨光。操作方法和要求如下：

1）掌握时机。喷涂过蜡液的地面，不能马上抛磨，也不能隔过长时间，必须在蜡液稍干时进行。过早和过湿，蜡容易磨脱、磨掉，打磨机的抛光垫也容易被粘和结块。如果过迟和过干，蜡容易变硬，地面不易打光。从上蜡到抛光，究竟隔多长时间为宜，须依据气候，季节，室内的温度、湿度，蜡液的质量和喷涂蜡液的薄厚等多种因素来决定。

2）纵横交叉。使用抛光机对地面进行抛光时，先从外到里横向打磨，再擦着地面接缝纵向打磨，这就是纵横交叉的打磨方法。这种方法能使地面受磨均匀，能使各种大小不同、形状各异、方向不一的地面都能抛磨到，使打磨后的地面光亮度达到最佳效果。

3）边角补打。由于抛光机的磨盘是圆的，在操作过程中有些边角不易磨到，为使地面整体效果达到一致，要用手工对边角进行抛光。

打蜡抛光结束后，要用地推将地面的蜡屑、粉末、渣物推净，使地面洁净、光亮，然后将家具物品恢复原位。

2. 擦拭灯具

各类灯具，特别是吊灯、顶灯除日常擦拭其表面外，还要定期进行清洗，每次清洗都要做好周密的计划。

(1) 选择适当的时间。清洗公共区域的吊灯应选择在夜间进行，宴会厅和多功能厅的吊灯应根据宴会预订情况而定，一般选在宴会厅或多功能厅连续两三日内无活动的情况下进行。在人员许可的情况下白班和夜班同时清洁，缩短清洗时间，避免影响酒店和宴会厅的正常使用。

(2) 安排有效人力。清洗大型吊灯是项费时费力的工作，须提前安排好人员，特别是要挑选有经验、耐心和细心的员工来做这项工作。因为吊灯价格很昂贵，易损坏，配件不易采购，管理人员一定要在现场监督、检查和指导。

(3) 准备清洗用具和用品。由于吊灯或顶灯在高处，所以要准备好升降机或梯子、水桶、专用清洁剂、抹布等。

(4) 擦拭灯具。擦拭灯具要切断电源。擦拭时要先用潮湿布擦尘，然后再用干布擦净。根据灯具的不同质地，使用不同的方法进行擦洗。玻璃和水晶制品的擦拭方法为：将灯饰摘下，浸泡在专用的清洗剂或用白醋与水兑成的液体中，进行轻清洗，然后用水洗净，最后用干布擦干。铜质和电镀制品的灯饰要用专用的清洁剂擦拭，擦拭后要用干布擦净，灯饰表面不得有残留的清洁剂，以免残留时间过长对灯具和灯饰有腐蚀作用。灯泡要用干布轻轻擦干净，严禁使用湿布和湿手擦拭，以防止危险事故的发生。操作完毕后，要按原样将灯饰装好。

(5) 灯具和灯饰擦拭完毕后要进行仔细的检查。检查安装得是否牢固、有无部件短缺、安装效果是否与原来一致，既保证安全又达到美观。

(6) 检查灯具的照明情况。擦拭、安装完毕后，开灯查验灯泡是否有不亮的。有的吊灯需上百个灯泡，经长时间使用有些灯泡会烧坏，日常更换比较困难。有些酒店在定期清洗吊灯时，将灯泡全部换下，坏的灯泡丢掉，好的灯泡可以安到别的地方继续使用。

(7) 注意安全。擦拭吊灯，安全是一项应特别注意的问题，在操作中、操作后及使用中都要注意安全，不能有一点疏忽，保证万无一失。

3. 擦铜器

在公共区域内有很多铜质设备和装饰物，如广告架牌、指示标牌、栏杆、门扶手等。擦拭铜器有一些专业的要求，得当的擦拭方法是对设备的保护，反之，不得当的擦拭方法是一种破坏，因此在操作中必须按要求去做。铜器分为纯铜和镀铜两种，擦拭方法也不同。擦拭纯铜制品时，先用湿布擦去尘土，然后用少许铜油进行擦拭，直到污迹擦净，再用干布擦净铜油，使其表面发光发亮。擦拭后铜制品表面不能留有铜油，以免在使用过程中弄污客人的手或衣物。镀铜制品不能使用铜油擦拭，因为铜油中含有磨砂膏，摩擦会损坏镀铜的表面，不但影响美观，也会减少使用的寿命。镀铜制品的擦拭要使用专门的清洁剂或用蜡，或用兑水的醋，可使其表面发亮、发光但不会损伤镀铜的表面。

4. 擦窗及玻璃

擦窗和擦玻璃是定期清洁工作中的一项重要内容。公共区域清洁员经常要擦各种类型的窗和玻璃，因此，公共区域清洁员要掌握擦窗和擦玻璃的技巧。

(1) 掌握擦窗和擦玻璃的方法。擦窗前先将窗框上的浮灰擦净，再擦窗和玻璃，擦玻璃有不同的方法。

1）潮抹布擦。抹布要用质地软硬适中、光滑无毛、容易吸水的布，先将布用清水或兑有玻璃清洗剂的水蘸潮。布蘸水后的湿度要适宜，要防止因布滴水影响墙面或其他地方的卫生。擦玻璃时按先中心后四角或先四角后中心的顺序反复揩擦，直至玻璃擦亮为止。

2）用玻璃刮刮擦。要先用带有棉毛头的擦水手柄蘸清水或兑水的玻璃清洗剂，将玻璃表面擦干净，然后用玻璃刮按横向或纵向将玻璃表面的水迹刮干净。玻璃刮每刮一下，就要用布将玻璃刮上的水擦干，以免将玻璃刮花。刮玻璃时要注意玻璃的四个边角，不能留有水迹。

（2）注意安全操作。擦玻璃要选择工作认真、身体较好的员工。有心脏病和高血压的员工切勿高空擦玻璃。在高空擦玻璃时必须系好安全带，思想集中，室外擦玻璃要注意天气的变化，夏天不要暴晒，以防中暑。刮大风时也切忌擦玻璃，以免发生危险。

5. 清洗地毯

在大堂之外，客人接触得最多的就是酒店内大面积铺设的地毯了。干净的地毯会给人一种温馨自然的感觉，如果不对其进行严格的爱护、清洁和保养，如地毯有异味、肮脏和破损等，就会使人厌恶和反感。所以，正确的清洁保养方法和恰当的清洁用品以及责任到人的保养清洁制度，才能使地毯使用寿命得到延长。地毯清洁是地毯保养中很重要的一项工作，进行地毯清洁的操作人员要经过专业的培训。因为地毯清洁过程中要使用很多不同的机器和清洗剂，清洗的地毯的质地不尽相同，所以要想保养好地毯，首先要使清洗人员掌握好最基本的要领，熟悉地毯清洗的程序和标准，只有这样才能做好地毯的清洗工作，达到地毯保养的最佳效果。

（1）地毯的清洗程序：

1）对地毯进行吸尘。

2）清除油溶性污渍。

3）清除水溶性污渍。

4）将打泡箱安装在低速清洗机上。

5）将干泡地毯清洗剂按比例兑水稀释，加入打泡箱内。

6）把地毯刷盘装在低速地擦机底盘上，接通电源。

7）开启泡量开关，待泡沫充满地毯刷后开动地擦机，将清洗泡沫擦入地毯中。

8）干泡地擦机操作行走的方向是：横向由左至右，然后移至另一行，由右至左，直至全面清洗完毕。

9）用吸地机将被清洗出来的污物彻底吸除干净。

（2）地毯清洗的注意事项：

1）按清洗剂的配比标准合理使用清洗剂。

2）不得混用清洗剂。

3）去污要彻底，对重垢和油垢先做特殊处理再清洗。

4）清洗后的地毯要抽干，不花，无黑条印迹，无残留地毯毛。

5）地毯的边、角、接口要清洗完整。

6）地毯清洗后绒毛要求不倒、不乱。

7）地毯清洗干净后盖好保护单。

8）待地毯彻底风干后，将地毯吸干净。

9）遵守操作时间，工作完毕后现场要保持整洁。

练一练

今天轮到你来清洁电梯，你应该怎么清洁？（附评分表）

电梯清洁流程模拟评分表

项目	要求	得分
控制电梯，使电梯停止运行（30分）	安全控制电梯，操作规范	
规范放置告示牌（20分）	将告示牌放置在合理的位置	
清洁电梯（30分）	按清洁流程清洁电梯	
恢复电梯运行（20分）	恢复电梯运行，操作规范	
合计		

知识延伸

公共区域清洁保养管理工作中的四要素：

（1）要有训练有素的员工；

（2）要有精良适用的设备；

（3）掌握清洁四要素（时间、机械力、浓度、温度）；

（4）制定科学合理的程序和规范。

活动2 室外公共区域的清洁保养

情境导入

室外公共区域清洁

场景：PA部

角色：PA部李领班、客房服务员小陈

情境：经过一段时间的实训，小陈已经基本掌握室内公共区域清洁的内容和方法，今天要学习室外公共区域清洁。

李领班："小陈，室内公共区域的清洁都已经掌握了吗？"

小陈："谢谢李领班的指导，我已经基本上掌握了，还有什么新的挑战吗？"
李领班："今天就是要给你一个新的挑战，我们要开始学习室外公共区域清洁。"
小陈："好的，我一定认真学习。"
任务：请以小陈的身份认真学习室外公共区域清洁的内容。

一、酒店外墙的清洁

酒店外墙需定期进行清洁，以保证建筑物外墙干净、美观。由于清洁外墙是一项高危险性的工作，各酒店根据具体情况，可由酒店员工自行清洁，也可以请专业的清洁公司进行清洁。

二、花园、草坪、绿化带的清洁

（1）花园地面要保持清洁，落叶要定时清扫。
（2）每周对花园地面进行清洗（1～2 次）。
（3）草地、盆栽、花木要按规定进行浇水、施肥、修枝整形、除草灭虫等工作。
（4）大堂前花园要不定时地进行清扫，确保门前干净无垃圾，清扫时最好洒一点水，防止清扫时扬起灰尘，影响客人。
（5）门前的花盆、花槽、防滑地面毡下的泥沙每天要清理两三次。地毡要定期换洗。门前的地面也要定期用水冲洗，一般每星期应冲洗一两次。

三、停车场的清洁

（1）停车场地面要定期进行清扫，确保地面无垃圾。
（2）雨雪天，应保证停车场地面干燥，防止车辆打滑，必要时，应提前放置"小心地滑"的警示牌。

练一练

请尝试用规范的程序对你所在学校花园进行模拟清扫练习。（附评分表）

花园清扫模拟评分表

项目	要求	得分
准备用具（20 分）	准备好需要用的用具，操作规范	
清扫地面（40 分）	清扫地面操作规范	
草地、盆栽、花木（40 分）	草地、盆栽、花木要按规定进行浇水、施肥、修枝整形、除草灭虫	
合计		

知识延伸

《旅游饭店星级的划分与评定》(GB/T 14308－2010）规定了五星级饭店公共区域的标准：

(1) 饭店室外环境整洁美观，绿色植物维护良好。

(2) 饭店后台区域设施完好、卫生整洁、维护良好，前后台的衔接合理，通往后台的标识清晰。

(3) 应有效果良好的回车线，并有与规模相适应泊位的停车场，有残疾人停车位，停车场环境效果良好，提供必要的服务。

(4) 3层以上（含3层）建筑物应有数量充足的高质量客用电梯，轿厢装饰高雅，速度合理，通风良好；另备有数量、位置合理的服务电梯。

(5) 各公共区域均应有男女分设的间隔式公共卫生间，环境优良，通风良好。

(6) 应有商品部，出售旅行日常用品、旅游纪念品等。

(7) 应有商务中心，可提供传真、复印、国际长途电话、打字等服务，有可供宾客使用的电脑，并可提供代发信件、手机充电等服务。

(8) 提供或代办市内观光服务。

(9) 应有公用电话，并配有便签。

(10) 应有应急照明设施和应急供电系统。

(11) 主要公共区域有闭路电视监控系统。

(12) 走廊及电梯厅地面应满铺地毯或其他高档材料，墙面整洁、有装修装饰，温度适宜、通风良好、光线适宜。紧急出口标识清楚醒目，位置合理，无障碍物。有符合规范的逃生通道、安全避难场所。

(13) 应有充足的员工生活和活动设施。

课后练习

一、简答题

1. 公共区域的清洁保养有何意义？

2. 大堂清洁卫生的内容有哪些？

二、判断题

1. 随时检查烟灰缸，缸内烟头不得超过三个。（ ）

2. 电梯是使用率很高的设备，对它的清洁要经常和及时。（ ）

3. 员工卫生间、员工更衣室、浴室需要日常清洁，不需要派专人负责清洁卫生。（ ）

典型任务三　提供衣帽间寄存服务

学习目标

1. 了解衣帽间寄存服务的内容。
2. 熟悉衣帽间寄存服务的流程。

预备知识

衣帽间寄存服务是酒店的一项特色服务，目的是为来参加会议、宴会等的客人提供衣帽的暂时保管服务。但是，衣帽间不提供贵重物品的寄存服务，服务员应该提醒客人物品内有无贵重物品，如有贵重物品应礼貌地请客人取出，并请客人自行保管。

活动　衣帽间寄存服务

情境导入

顶岗实训

场景：PA部

角色：客房部单经理、杨主管，客房服务员小陈

情境：今天在会议室有个千人会议，衣帽间寄存服务缺人手，小陈最近在各个岗位都做得不错，单经理决定让她去顶岗。

杨主管："小陈，今天会议室有个千人会议，但是衣帽间寄存服务人手不够，你最近在各个岗位上表现不错，单经理决定让你去顶岗。"

小陈："谢谢单经理、杨主管的肯定，我会努力的。"

任务：请以小陈的身份认真学习衣帽间寄存服务的工作内容和岗位职责等知识。

衣帽间寄存服务是酒店为参加会议、宴会等的客人提供的一项服务，目的是为客人保管暂时不使用的衣帽，方便客人进行社交活动，减少随身物品的拖累。

衣帽间寄存服务流程如图4-4所示。

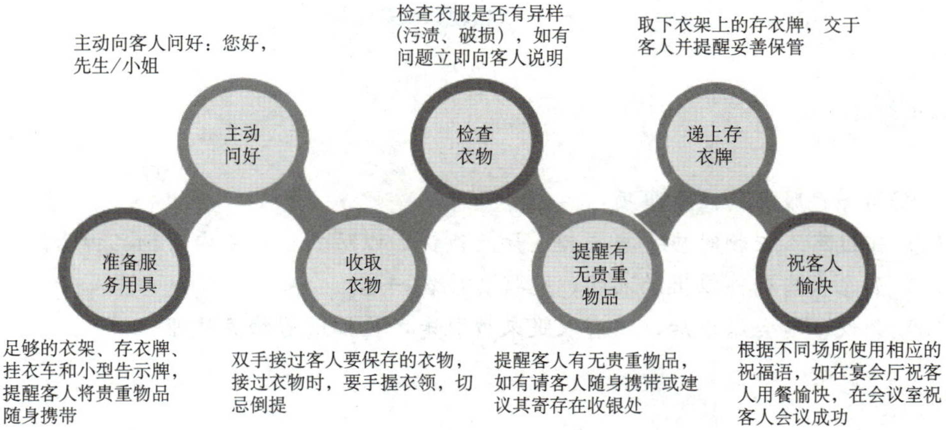

图4-4　衣帽间寄存服务流程

练一练

有客人来寄存衣服，请你为他办理寄存。（附评分表）

寄存办理流程模拟评分表		
项目	要求	得分
准备用具（10 分）	准备好需要用的用具，操作规范	
主动问好，收取衣物（30 分）	主动问好，收取衣物，操作规范	
检查衣物（30 分）	检查衣物，操作规范	
提醒有无贵重物品（20 分）	提醒客人拿走贵重物品，操作规范	
递上存衣牌，祝客人愉快（10 分）	使用相应的祝福语	
合计		

衣帽领取服务流程如图 4-5 所示。

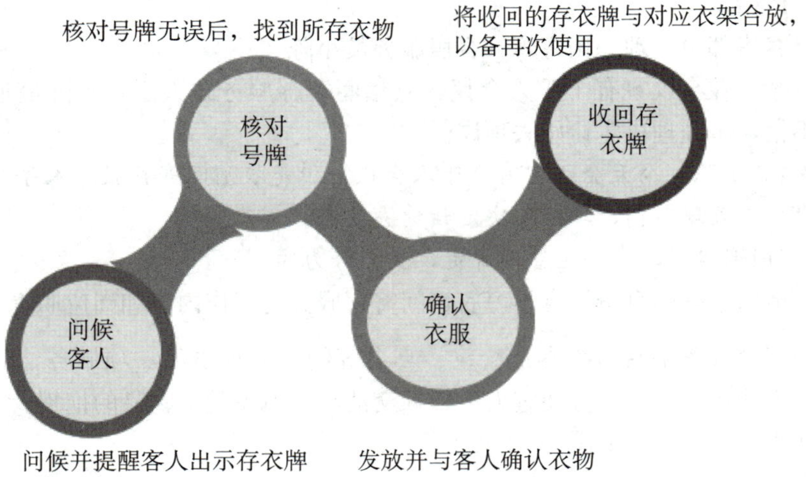

图 4-5　衣帽领取服务流程

知识延伸

衣帽间寄存服务的注意事项：

(1) 接过客人衣物时应手握衣领，切忌倒提，以防衣物口袋内有物品掉出。

(2) 如客人有两件以上的衣物，应将其挂在一起。

(3) 会议、宴会结束后，仍有衣服未被取走，应按遗留物品处理。

课后练习

一、简答题

1. 请简述寄存衣物的流程。
2. 请简述领取衣物的流程。

二、判断题

1. 客人来寄存衣物时，需要检查客人的衣物。(　　)
2. 可以为客人寄存贵重物品。(　　)
3. 客人领取衣物时，需要回收存衣牌。(　　)

项目五　洗衣房运营

项目背景

有一个不起眼的部门，它几乎不跟客人直接接触，但是每天接触客人用到的布草物品。这些物品进入该部门时都是脏兮兮的，离开该部门时又还原到干净整洁的样子了。没错，它就是洗衣房。洗衣房一般隶属于客房部，主要负责客人衣物、员工制服、酒店棉布草的洗涤与熨烫工作。洗衣房的管理水平、洗涤质量和工作效率的高低，不仅直接影响酒店整个经营活动和成本消耗，而且影响客人的需要及客人对酒店形象的评价。而规模比较大的酒店，也会将洗衣房单独设置部门，设洗衣房经理和主管。

项目概览

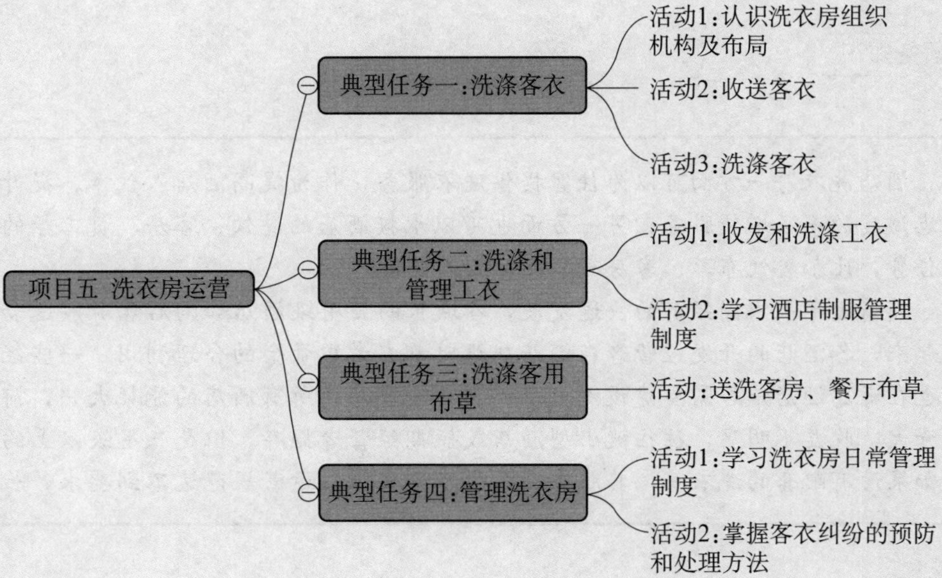

典型任务一　洗涤客衣

学习目标

1. 认识洗衣房的基本组织结构。
2. 了解洗衣房组织结构中各岗位的主要职责。
3. 熟悉洗衣房各功能区的主要功能。
4. 掌握客衣收送工作流程。
5. 掌握客衣的洗涤流程。

预备知识

酒店洗衣房一方面可以为住客提供洗衣服务，作为提高酒店入住率、提升客户忠诚度的一项增值服务；另一方面也可以承接酒店的餐饮、客房、员工等的洗涤任务，比如餐饮布草、客房布草及员工工服等。

随着近年来中国经济的快速发展，各城市的五星级酒店如雨后春笋般蓬勃发展起来，各酒店的开发经营者在酒店建设时都在考虑资金的合理利用，一些经营者也在考虑酒店是否需要建设洗衣房。因为洗衣房是所有酒店的能耗大户，前期投资大，收益不明显，往往被小型酒店或短期经营者抛弃。但是三星级以上的酒店如果没有配套的洗衣房，其服务品质得不到保障，运营规范达不到要求，长期来看将付出更高的成本。特别是五星级酒店，洗衣房及配套设施是酒店评星的必备条件。一个配置完善的洗衣房在提升五星级酒店服务水平、档次上起到了非常积极的效果。

一、洗衣房及配套设施的建设是酒店评星的硬件要求之一

根据国家星级酒店评定标准《旅游饭店星级的划分与评定》的规定，二星级及以上酒店就应为客人提供洗衣服务，例如衣装干洗、湿洗、熨烫及修补服务，可在24小时内交还客人；18小时提供加急服务。五星级酒店只有拥有自己的洗衣房、拥有自己训练有素的洗衣工作人员才能保证客房、餐饮、桑拿等酒店布草及时洗涤供应，才能保证为客人提供及时的客衣干洗、湿洗、熨烫及修补服务以及加急服务。

二、星级酒店服务宗旨是最大限度为客户提供优良、快捷服务，为酒店节约经营成本

酒店洗衣房服务对象分两类：一类是来自客人的客衣，客衣的洗衣量较小，此类衣物洗涤最为复杂、服务质量要求最高，不同的衣物洗涤方法不同，有适合水洗的也有必须干洗的，还可能有不同的顽固污渍需要专业的洗涤技术才能去除，并且对服务的及时性要求很高，根据客人需要提供加急服务。

另一类是来自酒店的餐饮、客房、员工等的布草或工服。酒店客房每天更换的布草需洗涤，包括床单、被罩、枕套、浴巾、地巾、方巾、浴袍等；餐饮部需洗涤的有大台布、小台布、席巾、方巾等；还有来自桑拿房的浴巾、员工的工作服等。这类布草每天的洗涤量非常大，酒店自身配备合理的洗衣房才能保证各部门布草能及时洗涤、及时循环供应。同时，酒店员工众多，工服的洗涤也是洗衣房的重要工作内容。

有了这些，酒店才能为客人提供更高品质的住宿、餐饮、商务等服务，充分体现酒店的星级服务理念、服务水平，最终为酒店创造高效利润回报、降低运作成本。

活动1　认识洗衣房组织机构及布局

情境导入

洗衣房上岗的第一天

场景：洗衣房

角色：客房服务员小陈、洗衣房李主管

情境：今天是小陈轮岗到洗衣房上班的第一天，洗衣房李主管告诉她洗衣房负责客衣、工衣、酒店的布草的回收清洁发放工作，工作区域范围不大，老员工们都是很热情的，希望她能主动学习，可以到处查看和询问，知道每一个岗位上的员工职责，以了解洗衣房基本组织结构和基本功能分区。

小陈："李主管，您好，我是新来的实习生小陈，有什么我能够帮忙的吗?"

洗衣房李主管："小陈，你好啊！已经很久没有实习生来我们部门了。这里的员工都工作好几年了，你有什么不懂的，就问他们。因为你是第一天来，你现在的任务就是先观察吧。我会让一个老员工做你的师父，带你去看看洗衣房有哪些岗位、每个岗位需要做些什么。"

小陈："好的，谢谢李主管，我会认真观察的。"

任务：请以实习生小陈的身份认真学习洗衣房的主要岗位和相应职责，完成李主管布置的工作任务。

一、洗衣房的一般组织机构

规模比较大的酒店，通常会将洗衣房单独设置成部门，设置洗衣房经理。洗衣房一般根据工作性质细分为收发岗、洗涤岗、烘干岗、烫平岗（如图 5 - 1 所示），各岗位在实际工作中也会根据工作业务量、工作时间、工作地点等进行部分合并或再细分。

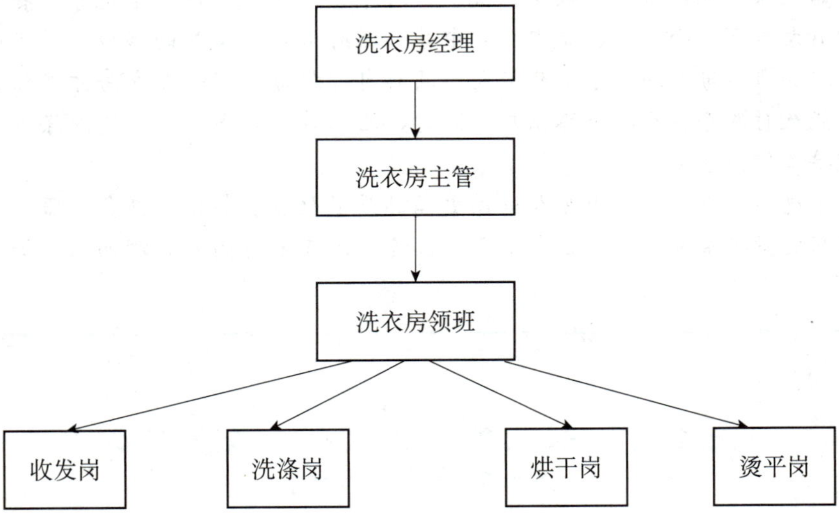

图 5 - 1　洗衣房组织机构图

二、洗衣房主要岗位的工作职责

1. 洗衣房经理职责

（1）对总经理负责，全面抓好洗衣房经营管理；

（2）制订工作计划，合理安排人力、物力，控制成本，减少费用及各项开支，提高经济效益；

（3）每天巡视洗衣房区域，督导主管完成本职工作，保证洗衣房按操作流程和服务标准运行；

（4）负责指导设备使用、保养、维修等管理工作，发现故障及时通知工程部维修人员；

（5）接受和调查所有对洗衣房业务的投诉，负责处理布草洗烫、收发的差错和损坏问题；

（6）做好业务统计和报告，对重大问题做好详细记录；

（7）搞好消防保卫工作，确保员工人身和国家财产安全；

（8）检查、督促各项工作，对本部门工作实施全面、系统和有效的管理，以身作则。

2. 洗衣房主管职责

（1）对部门经理负责，全面抓好经营管理，合理安排员工班次；

（2）每日检查员工的考勤情况；

（3）协助经理处理对洗衣房业务的投诉，具体负责洗衣房的日常管理工作；

（4）做好各项统计，记录好工作日志；

（5）负责对员工的业务技能进行培训，提高员工素质；

（6）对员工做好思想、政治纪律教育工作；

（7）搞好消防保卫工作，确保员工人身和国家财产安全；

（8）完善部门物品领用管理制度，严格控制生产成本，减少不必要的损耗；

（9）巡视洗衣房，确保物品摆放整齐、环境卫生、通道畅通；

（10）对洗衣房设施的保养运行情况进行关注，如发现异常，立即下单通知相关部门进行处理，确保业务的正常开展；

（11）实时统计各种消耗品的数量，对各项必需物品向采购部下单；

（12）检查、督促各项工作，以身作则；

（13）完成上级交办的其他任务。

3. 洗衣房领班职责

（1）协助部门主管做好布草、客衣的收送、验收、洗涤和保管工作；

（2）严格按照布草洗烫质量标准，对布草的洗涤、烘干、烫平、折叠程序和质量进行严格把关；

（3）做好生产过程中质量事故的登记，及时向主管反映质量检查情况；

（4）负责对各班组原材料的使用情况进行监督，保证各种洗涤用品按标准投放，同时降低成本，杜绝浪费；

（5）检查设备和环境卫生，负责具体分配员工的卫生值勤和物品整理工作；

（6）检查设备的运行情况，注意机器是否运行正常，如发现机器有异声等故障，应停机并及时通过相关部门了解情况，如果确是设备损坏，要及时找人修理；

（7）检查核对各项数据、报告的准确性；

（8）检查部门物资的库存情况，提前对所需物品种类、数目做出统计，送交部门主管，由主管统一申请添置；

（9）指导、训练下属新老员工，以提高工作效率。

4. 收发岗职责

（1）做好酒店各部门布草及客衣的收发工作，要求做到主动、及时、准确、无误。

（2）点数要认真细致，做到准确无误；登记要清楚，做到有账可查。

（3）布草进出洗衣房，要认真核对，保证账物相符，发现布草短缺时，要及时查找原因；保证按部门、类别叠放装进专用布草袋，并确保进出数量无误。

5. 洗涤岗职责

（1）责任：负责按要求按质量完成布草的洗涤工作。

（2）要求：

1）熟悉水洗机的工作原理和使用技术；

2）熟悉布草洗涤流程；

3）身体健康，体能优良；

4）责任心强，好学上进。

（3）工作规程：

1）负责洗涤布草、工衣和客衣。

2）每天上班时，按水洗机的操作规程开启并检查设备。下班时，也按操作规程关闭设备。

3）各类布草要严格按类别、颜色和脏污程度分类，并决定洗涤的程序和洗涤用品的使用。

4）服从指挥，明确水洗任务和注意事项。

5）合理使用洗涤剂，减少成本费用。布草进洗衣机前，应称取重量，不能超负荷洗涤。

6）每一次布草的洗涤，都要做好洗涤记录。

7）严格按照洗涤程序和洗涤事项进行洗涤；对于不宜机洗的衣物，要按照衣物上标明的洗涤方式进行洗涤；洗涤好的布草经自己和领班检查质量后，交给烘干岗。

8）发现不良情况，及时报告领班。

9）下班前负责切断水源和电源等，并做好对水洗机和工作场地的清洁保养工作。

10）执行主管、经理交代的其他工作。

6. 烘干岗职责

（1）责任：负责保质保量完成布草的烘干工作。

（2）要求：

1）熟悉烘干机的工作原理及使用技术；

2）熟悉布草织物的耐温性能；

3）了解布草含水量对烘干的影响；

4）熟悉各类布草烘干的要求；

5）掌握各类布草的烘干时间、温度；

6）体能充沛、责任心强。

（3）工作规程：

1）每天上班时，按烘干机的操作规程开启设备；下班时，也按操作规程，关闭设备。

2）每次把布草放进烘干机前应称取重量，不能超负荷使用。

3）根据布草情况，调整烘干时间和冷却时间。

4）掌握布草烘干后含湿量，如台布、餐巾应烘七成干，枕套应烘八成干等。

5）注意布草烘干过程中的检查，以防设备失控，导致不良后果。

6）经常擦拭烘干机，保持环境卫生。

7）做好每天的工作记录。

8）烘干机工作期间，注意是否有异常情况。

9）执行主管、经理的其他工作安排。

7. 烫平岗职责

（1）责任：操作熨烫设备，保质保量熨烫衣物。

（2）要求：

1）熟悉熨烫设备的工作原理和使用技术；

2）熟悉各类纺织品的性能；

3）熟悉各类衣物的熨烫技术；

4）工作认真、负责、快捷。

（3）工作规程：

1）每天上班时，按熨烫机的操作规程开启设备；下班时，按规程关闭设备。

2）平烫时，如果发现布草有明显污渍或破损，应及时挑出洗涤或报损。

3）平烫时，调好蒸汽，使烫出的布草整齐划一，干湿适宜。

4）如是衣物，要按照衣物标明的熨烫标准，灵活应用熨烫机或熨斗进行处理。

5）熟悉平烫机的操作规程，注意安全。

6）熨烫过的布草、衣物要交给领班验收。

7）下班前，做好设备、用具以及物品归位和场地清扫工作。

三、洗衣房的布局

洗衣房的布局分区如图 5－2 所示。

1. 收集（分拣、标记）区

在洗衣房污衣入口处将收集的衣物进行分类，按干洗、水洗用不同颜色等进行过称、标记后再进行分类洗涤处理。

2. 水洗区

洗衣房的主要任务是水洗，所以这一区域的面积较大，用以安置不同规格的水洗设备和堆放水洗衣物。

3. 烘干、熨平区

对不同的衣物分别进行烘干和熨平，例如，毛巾类进行烘干，台布、床单等进行

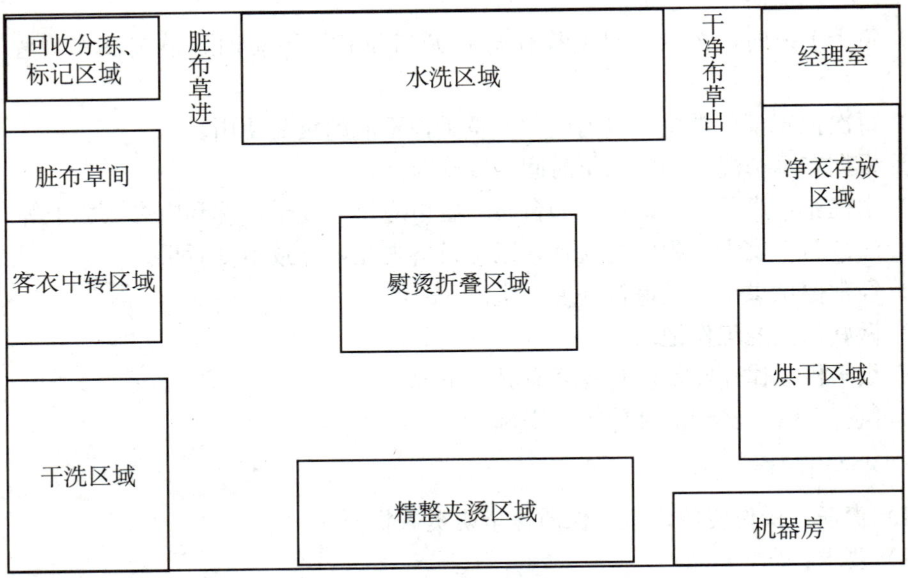

图 5-2　洗衣房布局

熨平，烘干机一般紧靠洗脱机。

4. 干洗区

干洗、整烫区在洗衣房内是相对独立的局部区域，一般位于洗衣房的一角，有的用铝合金、玻璃等与洗衣房其他部分隔开。

5. 净衣区

洗涤过的衣物要集中到净衣区，净衣区一般设在洗衣房的出口处，净衣区的门应该常关闭，防止热湿气进入。

想一想　外包洗衣房的弊端分析。

点评： 目前，国内从事洗涤外包服务的主要有洗衣工厂和个体洗衣店，存在的问题主要有：

(1) 部分商家受利益驱使，洗涤质量不高，造成酒店损失。有的洗衣厂为最大限度降低洗涤成本的投入，在洗涤过程中使用低劣的洗涤剂和漂白剂，比如多次重复使用含洗涤剂污水、使用双氧水代替专用漂白剂等，使得布草难以达到要求的洗净度和亮白度；为节省用水、降低成本往往漂洗时间过短、漂洗次数少，这样使布草上的残留药剂严重超标，威胁酒店客人的健康，对酒店造成负面影响。

(2) 外包服务不专业，容易造成交叉污染。由于受资金限制，洗涤服务外包厂卫生条件较差。大多数提供洗衣外包服务的洗衣厂场地较小，没有宽敞的

"污物分拣区"，来自不同酒店的脏布草堆积在一起，容易造成交叉污染；为控制成本，洗衣厂还省去了卫生消毒环节，当发生流行病时，交叉污染对酒店卫生安全有极大威胁。

(3) 洗涤服务外包厂管理混乱。为降低人力成本，洗衣厂会最大限度地少雇用工作人员，一个员工往往需要负责几个环节的工作，劳动强度大、任务繁重、分工不明确。另外，洗涤厂承揽多家洗涤任务，布草种类繁多，管理上稍不注意就会造成不同酒店布草的混淆。

(4) 洗涤外包难以保证及时配送。个体洗衣厂由于受场地、设备的制约，不能够充分保证布草洗涤、配送的及时性。洗衣厂为降低设备资金投入，设备富余度很低，一旦一台设备发生故障需要停机维修就可能耽误整个洗衣厂的洗衣效率，不能按期完成洗涤任务，造成配送不及时，这样也影响了酒店的正常营业。另外布草在外运途中还存在意外风险。为了防止这些问题发生，酒店必须另外花钱备份数量较多的客房、餐饮等布草以备急用，这大大增加了酒店运营成本。

(5) 外包洗涤时，无法保证客人客衣的及时洗涤和洗涤质量，存在被投诉的风险，影响酒店声誉。例如客人的客衣门类复杂，一些布料只能水洗，一些只能干洗，特殊衣物还有洗涤禁忌，这些非专业人员是不了解的，盲目操作只会损坏衣物。从酒店收集客人客衣送至洗衣厂洗涤，中间环节多，易发生沟通不善造成衣物损坏而引起客人投诉。而且，提供外包服务的洗衣厂一般不具备专业的水洗、干洗设备和去渍整烫设备等，一些高档客衣得不到很好的洗涤和整烫，会增加因客衣洗涤质量差而被客人投诉的风险。

(6) 酒店洗涤服务外包可能泄露酒店商业机密。酒店洗涤服务外包后，由于外包洗衣厂很多方面不可控制，酒店经营的竞争对手就能够通过每天送往洗衣厂的客房、餐饮、桑拿等布草的洗涤量大致推算出每天酒店客房的入住率、餐饮部门的上座率以及桑拿等部门的经营业绩，这样就泄露了重要的酒店商业机密，为对手制定竞争对策提供了可乘之机。

(7) 洗涤服务外包不设洗衣房无法对别墅客人进行优质管家式服务。一些五星级酒店还包括别墅式度假村，酒店对别墅客人进行管家式服务，吃、穿、住、行样样考虑周全。如果酒店没有洗衣房，别墅客人每天更换的客衣、寝具、布草就必须交由外包洗衣厂洗涤，外包洗衣厂根本无法达到别墅客人复杂多样的洗涤要求，不能保证洗涤质量和及时性，使客人对衣物洗涤产生心理阴影，酒店就难以提供优质的管家式服务。

所以五星级酒店必须建设洗衣房。建设洗衣房时，需要系统考虑各部门的洗涤类型，配置先进、质量优良、系统全面的洗涤设备，对洗衣房的工作人员要进行系统、严格的洗涤技术培训。从长远看，洗衣房能为酒店赢得声誉、创造高效益，能帮助酒店为客人提供完美的服务。

知识延伸

不同类型的洗衣形式对比表

类型	宾馆酒店洗衣房	个体洗衣店	设备齐全洗衣店
经营方式	主要清洗布草，兼顾清洗员工工服和客衣	提供普通衣服的清洗服务，店面形象较差	可以洗涤各类型的服装，店面形象较好
服务内容	能够提供专业的干洗、水洗服务	少数能够提供干洗、水洗服务	能够提供专业的干洗、水洗服务
设备配置	配置几台大容量工业水洗机和一台高标准干洗机及多台辅助设备	配置家用水洗机，如配置干洗机，一般是开启式的	大多配置技术先进的干洗机和多台辅助设备如烫台、去渍台、包装机等
服务水平	洗衣房不直接接待顾客，由服务员收送	家庭作坊式经营，服务接待水平良莠不齐，衣物安全性较差，投诉难解决	大部分接受过标准化培训，有统一的服务规范，从业人员技术水准和素质较高；服装的安全性及矛盾投诉较容易协调和解决
位置	面积较大，位于宾馆、酒店内	面积小，一般位于小区内或附近	面积适中，位置多在成熟的商圈内
洗衣技术	洗衣技术较好	依靠经验积累，洗衣技术整体较差	依托系统的培训，一般洗衣技术较全面成熟
投资规模	投资百万元以上	投资 10 万元以下	投资 50 万元～100 万元

活动 2　收送客衣

情境导入

得到跟岗学习的机会

场景：洗衣房

角色：客房服务员小陈、客衣收送员小张、客房洗衣房詹领班

情境：到洗衣房工作以来，小陈了解了洗衣房的基本组织结构和洗衣房的运作，练习了回收和分拣衣物，对衣物的材质和洗涤方式有了初步认识。

詹领班：“小陈，最近表现不错哦，不怕累不怕脏，工作耐心负责。为了让你可以尽快熟悉洗衣房的各个岗位，下周你就开始客房收送工作吧。”

小陈：“这么快就可以学习新的工作内容，真的感觉非常高兴，但是我没有收送客衣的经验，我很担心不能胜任工作。”

得知小陈的担忧，领班特意给小陈安排了客衣收送员小张做师父，让她可以提前熟悉。小张师父一边工作一边给小陈详细地介绍了客衣收送的服务流程。

任务：以实习生小陈的身份，记录好客衣收取、送返、快洗及特殊要求的服务流程。

一、客衣收送

1. 客衣收取

（1）客房服务员将洗衣袋袋口扎好，送到指定地点或工作间，交给客衣收送员。

（2）客衣收送员收取衣物时必须与客房服务员当面交接，并根据实际情况做好签认工作，填好客衣收送登记表（如表5-1所示）。

表5-1 客衣收送登记表

房号	包数	特殊要求	楼层收取人	送返情况	备注

日期：

2. 客衣送返

（1）客衣完成洗涤、熨烫、质检、包装等一系列工作后，由客衣收送员在规定时间内送返。

（2）客衣收送员至客房服务中心领取楼层客房万能钥匙，将客衣按照等级单逐层、逐间、逐包送返。

（3）客衣送返时，必须按正常程序敲门，并自报身份。

（4）如有宾客回应，应该向宾客说明来意："您好，我是客衣收送员，您的衣物已经洗好，请您查收！"

（5）如果宾客不在客房，应将客衣送入客房并按规范放置在明显的位置。可将客衣放置到行李柜上，若行李柜上有物品，可放在床上。需要用衣架挂起的衣服应挂好并放进衣柜里，并在房间醒目的地方留言说明，在送衣记录单上说明干、水洗，挂数及包数，并签名。

（6）如果发现"请勿打扰"牌或双锁时不得打扰宾客。把客衣带回，同时从门缝放入衣服洗好的说明条让客人方便联系确定衣物送返时间。

（7）将未能送返的客衣送交客房服务中心，告知原因并做好交接，同时归还楼层万能钥匙。

（8）客房服务中心文员应该跟进并督促将所交接的客衣及时送入客房。

二、快洗及特殊要求的服务

（1）客衣收送员接到快洗服务的指令后，应该在七分钟之内上楼收取。衣服收到后，检查一下口袋内有无钱物、衣物有无破损、饰物是否齐全等，并在收衣记录上注明包数，同时在洗衣单上注明"加快"字样。

（2）客衣收送员要把收衣时间、地点以及客人的特殊要求填写清楚，提交客衣组及时处理，对特别加快衣服收送员要在规定时间（四小时）内送回。

三、客房的账目处理

（1）由客衣收送员负责账目的汇总、记录。

（2）客衣收送员每天根据洗衣账单上的清点数、服务种类、金额等项目计算各类洗衣金额，合计总金额后，再加上服务费，即为洗衣总额。

（3）按楼层、房号顺序整理填好总额的洗衣账单。

（4）按洗衣账单上的房号顺序或编号编写洗衣金额汇总表。

（5）根据洗衣账单将金额逐笔输入电脑，并与洗衣金额汇总表核对（由洗衣房或客房服务中心入账，依各酒店操作方法而定）。

（6）每天将核对后的洗衣金额汇总表和洗衣账单交给酒店前台，便于账目审核。

（7）洗衣账单通常为三联或四联。根据各酒店规范，操作方法基本相同。

第一联：置于客衣上作为宾客核对的依据，并连同客衣一同送返给宾客。

第二联：交于酒店前台出纳，用于账目审核。

第三联：交客房服务中心入账、留存。

第四联：洗衣房留存（如只有三联账单，洗衣房不保存。如有需要，可到客房服务中心查询）。

练一练

情境模拟：客衣收送员的工作。

物品准备：衣物数件。

环境：模拟客房。

人物分工：1 名客衣收送员，1 名客人。

模拟要求：

1. 客衣收送员按照标准规范将清洗干净的衣物送回客人房间；

2. 与客人完成交接，并确认收费。

客衣收送模拟练习情况登记表

组别	客衣收送员扮演者	捧拿衣服（动作规范/不规范）	敲门动作（正确/不正确）	报身份（发音标准清晰、表达清楚）	客人回应后，表达来意（微笑，表达意思清晰，语调柔和，有礼貌）	客人查收无误，与客人告别（微笑，有礼貌，表示希望能再次为客人服务）	结果记录（每一项都达到要求为达标，不达标则重做）
示例	陈××	规范	不正确	清楚	没微笑	有礼貌	不达标重做
1							
2							
3							
4							
…							

知识延伸

在客人挂出“请勿打扰”牌时，客衣收送员可放置以下温馨提示卡：

> 温馨提示：
> 尊敬的客人：
> 我们尊重您“请勿打扰”的要求，未能
> □赠送水果至您的房间
> □收送您的衣服
> □送报纸
> 如您有需要，请拨打座机上的“宾客服务中心”键。谢谢！
>
> ×××酒店

活动3 洗涤客衣

情境导入

独立上岗前的知识准备

场景：洗衣房

角色：客房服务员小陈、客衣收送员小张、客房洗衣房詹领班

情境：小张师父表扬小陈学习很认真，跟岗几天基本已经掌握了客衣收送的流程，于是他跟领班推荐小陈独立承担客衣收送工作。但是小陈对衣服收取时的分类和检查还是有点不清晰，不清楚干洗和湿洗、普通服务和快洗服务的区别，信心不够，怕耽误酒店工作。

詹领班：“小陈，小张说你表现很好，可以独立上岗，进行客衣收送了。”

小陈：“小张师父教得很仔细，非常感谢他。但是在衣服分类和检查方面我还是不太熟悉，担心客人询问时回答不清晰。”

詹领班：“你积极学习和负责任的态度非常好，那安排你先到洗衣区学习一下，掌握客衣洗涤的流程，认识不同材质衣物的分类和洗涤要求，这样在收取客衣时检查更到位，登记更清晰，收送更及时。”

小陈：“好的，谢谢领班，我一定会好好学习的。”

任务：请以实习生小陈的身份，掌握客衣洗涤流程（湿洗、干洗）。

一、客衣洗涤服务类型

客衣洗涤是直接为客人服务的，也是洗衣房经济收入的主要来源，其洗涤效果、

洗送时间都直接影响服务质量。常见的洗涤要求有：

普通服务（Normal Service）：客衣洗涤一般为当日服务（Same Day），即上午11:00以前收取，当日17:00以前送返。

快衣服务（Express Service）：快衣服务是根据宾客要求，提供即时的洗涤服务。根据行业规范，快衣服务通常为四小时。由于快衣服务通常为单独洗涤，洗涤成本较高，所以一般会在原价格上加收50%或100%的费用。

熨烫服务（Pressing Service）：熨烫服务意思是单烫服务。设有洗衣房的酒店，熨烫服务通常为两小时。当然，也可以根据客人的需求提供快烫服务。

客衣种类多，面料、质地、颜色也不一样，洗涤的方法和所需的洗涤剂及剂量就要有所区别。因此，收取客衣要明确洗涤要求和服务类型，让客人填好洗衣单，同时客衣收送员和楼层服务员要做好核实工作。

二、客衣的洗涤流程

客衣洗涤一般分为湿洗和干洗两种。客衣洗涤时，首先要将干洗和湿洗的衣服分开，快洗和普通洗的衣服分开。客衣的洗涤流程如图5-3所示。

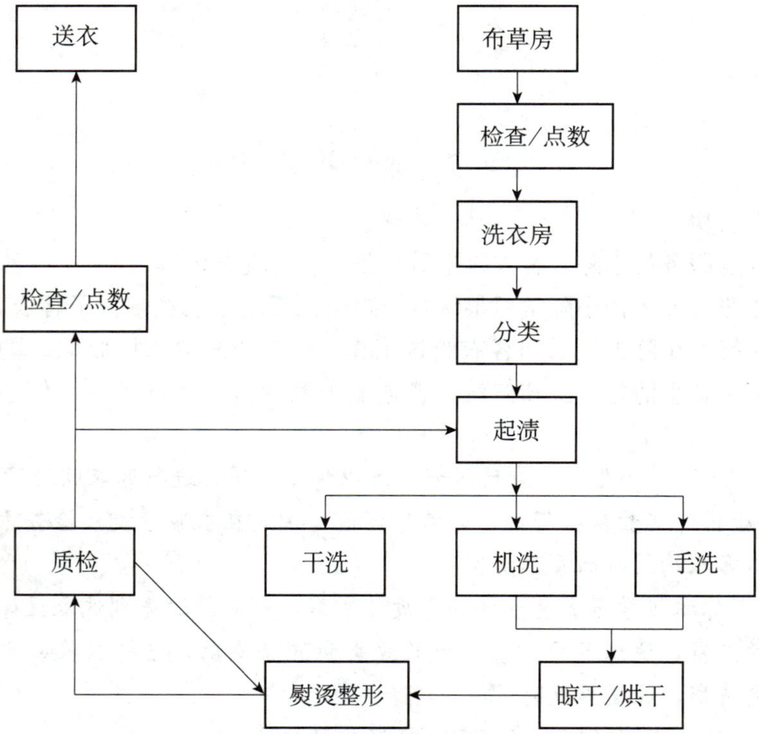

图5-3　客衣洗涤流程图

1. 预检、打码、分类

预检：检查衣物内是否有遗留物品、是否有损坏情况等。打码：根据洗衣单打码编号，或按客房号码编号，洗衣单上的号码必须与客衣上的号码一致；洗好的客衣按号码装入衣袋内，防止混淆、丢失。分类：分清干洗、湿洗，每件衣服都做上标号，将号码钉在衣领、袖、裤腰处，同一份衣服要同一号码。

2. 预洗

确认正确的洗涤方法和特殊洗涤要求后，有针对性地进行预洗，对衣物的领口、袖口、裤裆等较脏处以及污渍处进行预洗处理。

3. 清洁特殊斑渍

仔细检查有无特殊污渍，如有，则要根据污渍类型有针对性地选择正确的去污剂。如果没有把握，不可随意除污，以免留下不可弥补的斑点。

4. 正式洗涤程序

根据服装的纤维质地和式样，选择适当的洗涤方法，通常全毛西服、丝绸衣服、晚礼服、外套、套装、天然纤维高档织物等都应干洗。除洗涤液不同、使用的干洗机和湿洗机不同外，干洗服装的程序与湿洗相同。衣服湿洗时，要注意浅色衣物与深色衣物不能放在一起洗，以免染色。

5. 烘干、熨烫

衣服无论水洗或干洗都要熨烫平整（内衣裤、袜除外）。大面积处用熨烫机熨烫，领、袖、腰等处手工熨烫。

6. 折叠、上架

外套、制服必须用衣架悬挂，其他则折叠装包，有破损处及时修复。

叠衣的工作程序：

（1）检查熨烫后的衣服是否洗涤干净并烘干、有无破损、衣扣有无脱落现象、是否被染色、熨烫是否合格。（2）检查特殊要求的落实情况。（3）发现问题及时反映，并退回重新处理。（4）衬衫叠放方法：把衬衫扣好纽扣（1、3、5）同时放领衬；将衬衫铺平，放纸板；先折左袖，折二道；再折右袖，折二道；折底边；订封条，撕码并将码条上的房号写在封条上；放领结，最后装入衬衫袋封口。（5）T 恤叠放方法：将 T 恤平铺，放纸板，先折左袖，再折右袖，折底边，订封条，撕码，最后装入衬衫袋封口。

三、客衣洗涤注意事项

（1）满足客人对洗涤的时间、质量要求。

（2）避免因洗涤所造成的客衣损坏、丢失现象。

（3）避免将客衣弄混。

（4）对客人提出的特别要求尽量予以满足。

（5）纠正客人错误的洗涤方法的要求。

练一练

情境模拟：折叠衬衫、T 恤。

物品准备：衬衫、T 恤、衣型纸板、工作桌 2 张。

练习要求：

1. 每个同学按照衬衫、T恤的折叠方法进行练习；

2. 分小组，以竞赛形式，小组共同完成5件衬衫、5件T恤的折叠，符合质量要求且用时最短的小组胜。

折叠衬衫、T恤模拟练习情况登记表

组别	折叠件数（件数每组相同）	折叠用时（质量相同用时短的小组为优）	折叠质量（质量优先，要求衣服整齐、干净、无损坏；不符合质量要求则视为不及格，全组重做并加1分钟时长）	结果记录	排名
示例	5	180秒	质量全部达标	用时180秒	×
1					
2					
3					
4					
…					

知识延伸

客衣洗涤相关表单样式

洗衣单（如需洗衣服务请按电话“宾客服务”键）

请在下列服务选项中画“√”

□普通服务（上午11点之前收到衣服，当晚送回）□加快服务（四小时内送回，加收50%的服务费）

	水洗			干洗			净烫	
男士	数量	单价	男士	数量	单价	男士	数量	单价
衬衫	____	￥25	衬衫	____	￥28	衬衫	____	￥20
T恤	____	￥25	T恤	____	￥28	T恤	____	￥20
裤子	____	￥25	裤子	____	￥28	裤子	____	￥20
运动套装	____	￥40	运动套装	____	无	运动套装	____	无
内衣	____	￥20	内衣	____	￥25	内衣	____	￥18
内裤	____	￥13	内裤	____	无	内裤	____	无
短袜	____	￥13	短袜	____	无	短袜	____	无
短裤	____	￥20	短裤	____	￥25	短裤	____	￥18
外套	____	￥28	外套	____	￥35	外套	____	￥20
……								
女士	数量	单价	女士	数量	单价	女士	数量	单价
连衣裙	____	￥38	连衣裙	____	￥50	连衣裙	____	￥30
女恤	____	￥25	女恤	____	￥28	女恤	____	￥20

半截裙	____	￥25	半截裙	____	￥28	半截裙	____	￥20
长裤	____	￥25	长裤	____	￥28	长裤	____	￥20
胸罩	____	￥13	胸罩	____	￥18	胸罩	____	无
内裤	____	￥13	内裤	____	无	内裤	____	无
运动套装	____	￥40	运动套装	____	无	运动套装	____	无
外套	____	￥28	外套	____	￥35	外套	____	￥30
……								

特殊要求

□衬衫上浆 □衬衫折叠

□衬衫挂架 □衬衫包装

服务条款

1. 由于衣服面料和穿着状况原因，酒店不承担洗烫过程中损坏或丢失饰扣或饰物的风险责任。
2. 请在衣服送洗之前取出个人物品，酒店将不承担留在送洗衣物中物品的损坏和赔偿责任。
3. 所有投诉，必须在收到衣服后二十四小时内提出，并应持有原始单据。
4. 由于酒店疏忽造成衣服的丢失或损坏，赔偿最高不超过洗涤费的十倍。
5. 请在数量栏目内填上衣物件数和洗涤选择。如没有填上，将以酒店点数为准和按干洗洗涤。在数量出现误差的情况下，我们将尽量与您联系，如未能联系，则以酒店数字为准。

宾客签名：

此项由客服中心人员填写

日期： 件数： 总额： 房间号：

尊敬的宾客：

您送来的衣物有如下情形：现征求您的意见确认洗涤否？□洗 □否

□1. 少纽扣 □2. 染色 □3. 褪色 □4. 缩水 □5. 有烂

□6. 袋中有遗留物品 □7. 特别污渍经处理仍未去除 □8. 不宜洗涤

签名： 洗衣房 年 月 日

课后练习

一、判断题

1. 客衣收送员送衣时如果客人不在房间，则放置温馨提示条，等客人回房间后致电再送返客衣。(　　)

2. 客衣收送员收到客房服务员交来的客衣不需检查登记，送到洗衣房即可。(　　)

3. 客衣洗涤前需要打码，工衣不需要。(　　)

4. 客衣洗涤前应先做好检查工作，避免衣服内有遗留物品。(　　)

二、不定项选择题

1. 洗衣房中的基本岗位有(　　)。

A. 收发岗　　B. 洗涤岗

C. 烘干岗　　D. 烫平岗

2. 下列属于洗衣房主要功能区的有(　　)。

A. 收集区　　B. 干洗区

C. 水洗区　　D. 净衣区

3. 客衣洗涤服务类型一般分为(　　)。

A. 快洗服务　　B. 慢洗服务

C. 普通服务　　D. 熨烫服务

典型任务二 洗涤和管理工衣

学习目标

1. 掌握收发和洗涤工衣的流程。
2. 了解酒店制服管理制度。

预备知识

酒店制服是指为达到统一形象、提高效率或安全劳动的防护的目的，按照一定的制度和规定给酒店员工穿用的一定制式的服装。酒店的制服包括众多种类，例如有门童制服、保安制服、接待制服、餐厅服务员制服、厨师制服、客房服务员制服、经理制服等。

酒店制服，不仅具有员工岗位的识别功能，也是企业文化和酒店整体形象的反馈，更高层次的酒店制服还融合地方文化，综合实用性、艺术性、文化性于一体。

活动1 收发和洗涤工衣

情境导入

紧急任务

场景：洗衣房

角色：客房服务员小陈、洗衣房詹领班、工衣管理人员小梁

情境：

詹领班："小陈，你能够一直坚持提前到岗，做好上班准备真的很不错！工作很认真，学习能力也特别强，现在有个紧急的任务需要你帮忙，你愿意吗？"

小陈："领班，谢谢您一直以来的帮助，酒店交代的任务我都会尽力做好的。"

詹领班："好的，其实是工衣管理那边今天有两位员工离职了，比较缺人手，想安排你过去顶岗，但是你之前还没学习过，一直要学习新的岗位和工作，可能也觉得太累了吧。"

小陈："没关系，我就是来学习的，可以不断学习新的知识，认识新的岗位，我很高兴，谢谢领班给我这个机会，我会努力做好的。"

詹领班："那今天你就先跟小梁熟悉一下工衣的收发和管理工作流程吧，明天就要独立上岗了。加油！"

小陈："好的！"

任务：请你以实习生小陈的身份，掌握工衣的收发和洗涤流程。

一、收发工衣

员工制服和客人衣物是分开管理的，工衣的收发都由固定的窗口完成。员工入职时，根据员工需要的码数，洗衣房工衣管理人员会根据入职员工的工作岗位和尺码为其配备2～3套工衣，做好编号并在工衣上打码标记。每天，员工下班时把需要换洗的工衣送到洗衣房的指定窗口放进指定的回收位置，然后换领一套干净的工衣，以备第二天上班穿着。工衣管理人员要做好工衣的换洗登记工作，有进有出，数目正确。

二、洗涤工衣

1. 一般员工制服的洗整

员工制服和客衣要分开洗涤，工衣洗涤的程序和要求与客衣基本一致：

（1）分类。工衣回收处一般都会分设回收桶，让员工送洗时就做好分类工作，避

免增加洗衣房工作人员的压力，浪费人力。但是工衣管理人员还是要检查一次，避免个别员工放错位置以致洗涤不当，造成工衣制服的损坏。

（2）预洗和清洁特殊斑渍。如果有特殊的污迹，送洗的员工要跟回收人员说明，工衣管理人员也要做好相应的检查，有针对性地对衣物的领口、袖口、裤裆等较脏处以及污渍处进行预洗处理。如有特殊污渍则要根据污渍类型有针对性地选择正确的去污剂，避免出现工衣不洁净的情况，影响酒店的形象。

（3）进入洗涤程序。根据工衣的材质选择湿洗或干洗，一般工衣的材质都是适用湿洗的，除了特殊定做或租用的服装。

（4）烘干、熨烫、上架。制服一般不用折叠，熨烫整齐后按尺码或编号顺序用衣架悬挂给员工备用即可，有破损处要及时修复。

2. 厨师制服的洗整

由于厨师工作性质特殊，从卫生和安全的角度考虑，厨师制服均为白色、棉质。由于工作环境的影响，厨师制服上经常溅有难以洗净的油污和脏垢。将厨师制服洗得洁白、卫生，比洗一般的衣物难度要大。而且，在一些高档酒店中，厨师已不仅仅是后台操作，他们已经走到了前台，一些名菜、特色菜需要当着客人的面烹制而成，西餐自助餐更需要厨师在客人面前操作，所以他们的制服干净卫生与否反映着酒店的卫生状况，也直接影响客人的就餐情绪。厨师帽是否干净、挺括也会引起客人的好恶感，这对我们洗涤厨师制服提出了更高的要求。

厨师制服的洗涤程序如下：

（1）对衣领、袖及溅有油污处进行喷渍处理，将一些除油除渍剂喷在脏污处，手工搓揉或用小毛刷刷拭。

（2）所有厨师制服均湿洗，经喷渍处理后的制服送入湿洗机内。

（3）按脏衣服的洗涤程序选择洗涤时间和适合的洗涤液，严格按操作程序进行。

（4）将洗净甩干的衣服放入烘干机内，只烘干至八成，便于熨烫。

（5）熨烫好的制服送净衣存放点保管。

练一练

情境模拟：送洗和回收工衣。

物品准备：若干件酒店工衣、工作台一张。

人员分工：以两个同学为一组；一名同学送洗工衣，一名同学回收工衣。

练习要求：

1. 回收工衣时的检查工作要细心。

2. 同学 A 在送洗的工衣里设置一些需要注意的地方，例如口袋放置物品、纽扣松脱或缺失、有特殊污迹、衣服勾线脱线等；也可送洗全部无问题的工衣。

3. 同学 B 需要在规定时间内，做好送洗工衣的分类和检查工作，找出送洗工衣存在的问题。

4. 两人角色交换再练习。

送洗工衣模拟练习情况登记表

组别	同学 A 设置问题（×个）	同学 B 查找出问题（×个）	用时	结果记录	同学 B 设置问题（×个）	同学 A 查找出问题（×个）	用时	结果记录
示例	衣服共 5 件，污迹 1 处，纽扣缺失 1 处	污迹 1 处，纽扣缺失 1 处	1 分钟内	达标，轮换角色	衣服共 5 件，衣服脱线 1 处	未查到问题工衣	1 分钟内	不达标，重做
1								
2								
3								
4								
…								

知识延伸

酒店制服清洗流程

（1）员工将脏的工服送至洗衣房。

（2）洗衣房进行送洗检查清点。

（3）洗衣房对掉扣或有破损的工服进行补扣和缝补。

（4）根据工服的洗涤方式分类处理。

（5）洗前应做预去污处理，再根据不同面料特性分别进行干洗或水洗、手洗或机洗。

（6）清洗后的工服根据面料进行烘干或晾干。

（7）在熨烫前对工服进行复检，发现有不干净的重新处理，烫后检查熨烫质量。

（8）若有问题应再烫或再洗，同时，检查工服的完整程度，如纽扣、钩子、拉链等是否完好，应挑出破损的工服缝补。

（9）最后检查放好，以备员工换洗。

活动 2　学习酒店制服管理制度

情境导入

休息时间的自我提升

场景：洗衣房

角色：客房服务员小陈、洗衣房詹领班

情境：自从出了紧急任务后，小陈就像只蜜蜂一样在工衣的“花海”中兢兢业业地工作。今天，詹领班再次找到了小陈。

詹领班："小陈，你已经掌握了工衣的收发和洗涤流程，但是除收发和洗涤外，酒店对于员工的工衣还有一套严格的管理制度，我把它印发给你，希望你可以利用休息时间认真学习，了解关于制服管理的整体要求，这对你以后进一步的提升很有帮助。"

小陈："非常感谢领班栽培，我会好好学习的。"

任务：以实习生小陈的身份，学习酒店的制服管理制度。

洗衣房全面负责酒店制服管理工作，包括新购入制服的验收、发放、收回、洗涤、缝补、改制及日常性管理工作。财务部负责对制服管理的监管工作。洗衣房盘点与各部门员工在使用制服时，部门资产管理员负有协助配合之责。

一、采购入库

制服的采购权集中归于酒店采购部，其他任何部门均无权采购。采购部购进制服后，均需由采购部门通知库管人员、洗衣房资产管理员及制服使用部门同时验收。验收合格后，由库管人员办理入库，洗衣房资产管理员签收后发放到各部门并登记入账。

二、发放

洗衣房应单独建立制服收发账册（必须建立电子档案），分部门、分员工记录发放细节，要求记录收发时间、员工工号和姓名、制服名称及数量、新旧程度。

三、洗涤

洗衣房应分部门做好洗涤的收发记录及签字手续，并于月终时按部门汇总统计交部门负责人签字确认后，在每月 2 日下班前交财务入账。制服洗涤原则上"以脏换净"。洗衣房应保证洗涤后的员工制服整洁美观。

四、缝补

洗衣房对少扣、拉链损坏、脱线等可以修补的破损应及时处理后再发给员工。

五、收回

职工离职后或调离酒店公司时，应退还所领制服至洗衣房，未办妥制服退还手续的不予办理离职或调动；办完制服退还手续后员工所在部门负责人才能同意其离职或调动并签字。员工未办离职手续且将制服带走时，员工所在部门应在 7 日内以书面形式报告洗衣房，若不告知洗衣房，则对部门负责人处员工带走制服价值 10%的罚款；离职表上无洗衣房资产管理员及负责人签字，财务不予办理工资结算。月末，洗衣房将员工带走的制服名称及数量书面通知财务部做相应账务处理。

六、更换

员工在酒店内部发生岗位变动若需变更制服时，应凭员工调动通知书到洗衣房办理制服换领事宜。

七、报损

对不再使用或无法继续使用的制服，应由洗衣房提出报损申请，由综合部、财务部共同认定确需报损并经总经理报批后，做报损处理并将报损制服退回总库。

八、洗衣房对员工遗失或损坏的制服做好记录

员工个人原因造成制服丢失或损坏的，洗衣房应向综合部和财务部发出通知，要求向责任员工收取赔偿款。

员工遗失或损坏的制服赔款的计算方式（对于支付赔款计算方式，不同的酒店具体要求有所不同）如下：

（1）赔款金额＝制服原价－折旧费。

（2）折旧费＝制服原价×制服已使用月份/24。

（3）对于已使用满 2 年的旧制服，则按制服原价的 30％赔偿。

洗衣房资产管理员每季应定期将留存在洗衣房的所有制服进行盘点，并对各部门员工在用的制服进行核对，财务参与监盘。

九、押金的交纳与退回

员工就职需着制服的岗位时，应按规定金额交纳服装押金后方可领取制服；员工离职时应退回所领制服并经洗衣房资产管理员或其授权人签字后方可退回押金。若有制服丢失或严重损坏，则比照上述第八点第二款规定赔偿；对于损坏较轻者，由洗衣房酌情扣款并将扣款额注明在离职审批表中。管理岗位员工可以申请购买为其配置的制服，购买价格比照上述第八点第二款赔款金额的计算方法执行。

练一练

员工小李私自把制服带离酒店，借给他人穿着，造成制服丢失。请问：根据酒店管理制度，小李需要赔偿多少钱？

基本信息：制服原价 240 元，制服于春节后刚更新换发，穿着 1 个月。如果制服是旧款，已经穿着超过 2 年，又应赔偿多少钱？

点评：

未满 2 年的制服：240－240×（1/24）＝230（元）。

满 2 年的制服：240×0.3＝72（元）。

知识延伸

酒店制服的设计与选购

一、重视实用性

酒店服饰主要考虑穿着者的实际工作需要。首先，设计上要便于工作，如客房清洁员不宜穿裙装，影响清洁房间的质量和效率；维修工服装应配有多个口袋，放置小型修理工具等。其次，不同工作种类制服的面料考虑不同。一般酒店制服采用化纤面料，其优点是耐用，可水洗，不用熨烫；纯棉面料由于其吸汗、透气，宜于做厨师制服，但挺括性能差且易变旧；高档毛料多用来制作高层管理人员的西服，体现气派和风度。

二、考虑美观和协调性

酒店服饰是酒店形象的组成部分，所以在设计时要注意它的美观性和协调性，主要体现在服饰与酒店总体风格、装修布置、环境氛围的协调美，让酒店服饰成为酒店一道亮丽的流动风景。例如中餐厅较多使用雕花桌椅、竹木阁楼、红木筷著和细瓷碗碟砂锅等，都带有鲜明的民族气息。服务员穿着中式旗袍，则在风格上与环境比较统一协调，会让客人得到一种“原汁原味”的中式文化感受。

三、结合区域特色性

我国是个多民族的国家，在服饰上也应“百家争鸣，百花齐放”，酒店应根据自己的区域条件，挖掘地域特色，将其充分表现在服饰上。如回族的白帽、藏族的高筒镶色鞋、维吾尔族的喀什花帽、傣族的筒裙、苗族妇女色彩鲜艳的百褶裙、景颇族男子黑白双色的对襟上衣、撒尼女子的包头花条巾等，都极具民族特色。酒店可根据自己的实际情况，灵活选用，而不是拘于一格，盲目追求所谓的“时尚”。

四、符合周期性

酒店服饰要按季节有所变化，在变化中求统一。由于酒店的空调设备保持室内恒温，一般酒店服饰也只有冬夏区别即可。同季的服装，一般隔天一洗，这样每名员工只需三套制服即可：一套现穿，一套待换，一套送洗。服饰一般是两三年更换一次，以保持服饰的“新鲜度”。

课后练习

一、判断题

1. 员工的制服由员工自行清洗、保管，如有遗失损坏照原价赔偿。（　　）
2. 所有厨师的制服都应该湿洗，经喷渍处理后送入湿洗机内。（　　）
3. 为了节约成本，客衣和工衣可放在一起洗涤。（　　）
4. 为保持清洁，员工制服洗涤原则是每天一洗。（　　）
5. 员工在酒店内部发生岗位变动若需变更制服时，应凭员工调动通知书到洗衣房办理制服换领事宜。（　　）

二、不定项选择

1. 洗涤工衣的一般程序有（　　）。

A. 分类

B. 预洗

C. 洗涤

D. 烘干、熨烫、上架

2. 下列属于酒店制服管理内容的有（　　）。

A. 发放

B. 洗涤

C. 缝补

D. 更换

典型任务三　洗涤客用布草

学习目标

1. 熟悉客房、餐厅布草的送洗运作流程。
2. 明确洗涤布草注意事项。

预备知识

酒店布草泛指现代化酒店中，几乎所有与“布”有关的物品。大致分类有：客房布草、餐饮布草、卫浴布草、会议布草、窗帘及其他。客房布草有床上用品、床单、床裙、床罩、床垫、被子、被芯、枕套、抱枕、枕头、床尾垫/床尾巾、羽绒寝具、舒适垫、床笠、毛毯等。餐饮布草有餐巾布、布椅套、西餐盘垫、桌裙、舞台裙、玻璃杯垫、擦杯布等。卫浴布草有方巾、毛巾、浴巾、地巾、浴衣、浴袍、浴帘、洗衣袋、包头巾、吹风机袋、桑拿服、沙滩巾等。会议布草有台呢、台套、台裙等。窗帘包括里层的窗帘、外层的窗帘、遮光的窗帘等。

活动　送洗客房、餐厅布草

情境导入

布草洗涤工作实习周

场景：洗衣房
角色：客房服务员小陈、洗衣房詹领班
情境：

詹领班："小陈，你现在对客衣和工衣的回收与洗涤发放都已基本了解了，老员工们都很认可你的工作能力，正计划安排你到下一个工作部门进行轮岗学习，所以这周开始你抓紧熟悉一下洗涤客用布草的相关要求，这可是洗衣房工作的主要部分，而且涉及多个部门，你要继续好好学习哦。要熟悉布草的送洗运作流程以及洗涤的注意事项，有不明白的地方就大胆询问。"

小陈："谢谢领班给我的学习机会，我一定会努力做好的！"

任务：以实习生小陈的身份，熟悉客用布草的送洗运作流程以及洗涤布草注意事项。

一、客房、餐厅布草的送洗运作流程

客房、餐厅布草的送洗运作流程如图 5 - 4 所示。

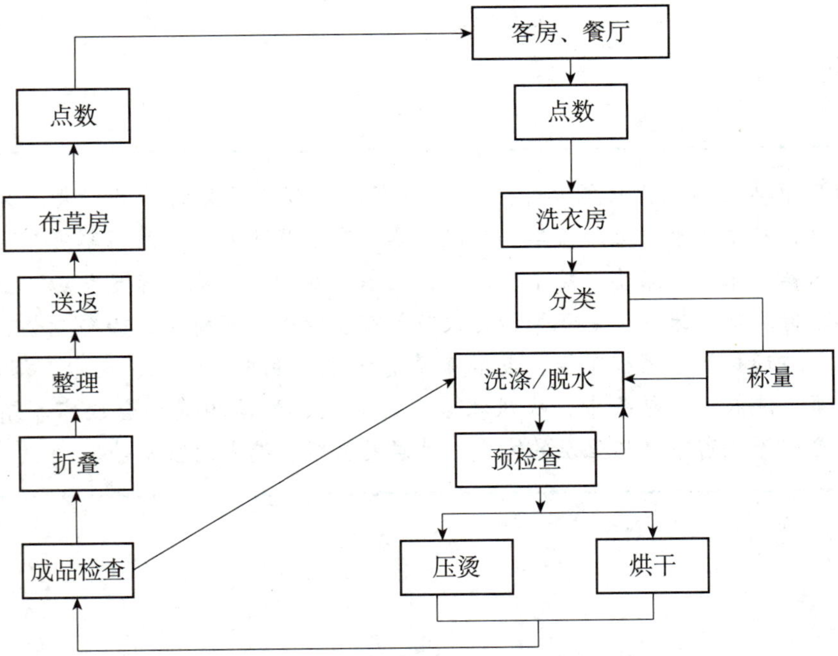

图 5 - 4　客房、餐厅布草的送洗流程图

1. 回收

客房、餐厅的布草点数后送达洗衣房。

2. 分类

将收回的布草根据种类与洗涤方式分类整理，特别是要注意客房布草和餐厅布草的分类、毛巾同床单的分类。

3. 称量

根据洗衣机的使用容量称量布草放进洗衣机。

4. 布草洗涤并脱水

将调制好的洗涤液倒入洗衣机，开机后自动洗涤、漂清后甩干脱水。

5. 压烫前检查

在床单、枕套压烫前，都有一个整理过程，若发现有洗不净的，挑出交回再处理。毛巾在放进烘干机烘干前，发现不净的，挑出交回再处理。

6. 压烫、烘干处理

床单、枕套经压烫处理；毛巾经烘干处理。

7. 折叠前检查及折叠

对压烫好的床单、枕套用自动折叠机折叠或人工折叠；烘干后的毛巾进行人工折叠或机器折叠，折叠前做检查，发现问题的，送回再处理。

8. 整理、捆绑

根据不同的要求进行整理，例如，床单每 10 张做一包装捆绑、浴巾每 10 条做一包装捆绑、餐巾每 10 条做一包装捆绑等。

9. 点数送至客房、餐厅

一般餐厅布草的换洗都是同时进行的，就是以“一脏换一净”，即当餐厅交来脏布草时，布草房从贮存房里，把干净的同等布草取出交回。

二、布草洗涤注意事项

（1）餐厅与客房的布草不能放在一起洗，因为脏污特性不同，使用的洗涤剂也就不一样。清洗前应仔细阅读有关产品的洗涤说明，有装饰附件的产品洗涤前一定要注意把花边、坠子等先取下，避免损坏。

（2）色彩不同的布草必须分开洗涤，以免混在一起湿水后互相染色。

（3）特别要留意在布草里有无夹杂遗留物品。

（4）分类处理后，要根据机器的承载能力放入允许重量或数量的布草。

（5）床单要在甩至五六成干后直接送入整熨机整熨，其效果较之烘干再熨要好，这样可提高工作效率，又可节约用电。

（6）卫生间的布草不熨烫，所以必须完全烘干。在最后漂洗时，加一些柔顺剂会使毛巾类柔软如新，达到预期的效果。烘干时一般选用低温烘干，温度不超过 35℃，避免它过度缩水。

(7) 白色台布、餐巾必须使用碱水、漂白粉洗涤，然后上浆风干、烫干，使之有挺括感。有颜色的台布和餐巾必须选用化学油剂洗涤或碱粉高温水洗。

(8) 各类布草所需的烘干时间要严格控制，并且不能超载入机。

(9) 有褶皱、未熨平或未干的布草要重新熨干烘干。

(10) 存放时，宜放在阴暗、湿度低、通风良好的地方。长时间未使用的被类产品在重新使用前可先在阳光下晾晒，使其恢复蓬松。

想一想　根据案例思考：为什么酒店要放这三张卡片，从酒店、客人的角度分析，您是否认可？理由是什么？

三张卡片

某酒店的客房里放有三张环保卡片。

其一，是一张非常具有人情味的卡片，上面写着：

“尊敬的宾客：

如果您在打点行李时忘了带洗漱用品（牙刷、牙膏、剃须刀、须后膏、梳子等），只要给客房部打个电话（分机55），我们将立刻免费给您送来。”

其二，是放在卫生间的一张卡片，上面写着：

“尊敬的宾客：

您可曾想过，每天世界各地的酒店有多少吨毛巾毫无必要地更换洗涤，因此而耗用的数量巨大的洗涤剂对我们的水资源造成多大的污染？为了我们共同的环境，请您做出决定，将毛巾投入浴缸表明您要求将其更换；否则就意味着您愿意继续使用，我们将为您挂放整齐。谢谢您对环保的支持！”

其三，是放在床头柜上的卡片，上面写着：

“尊敬的宾客：

通常我们每天都对客人的床单进行换洗，如果您觉得没有必要，请于清晨将此卡放在床上，这一天您的床单将不予更换。感谢您对酒店绿色行动的支持！”

点评： 随着自然环境的日益恶化，环境保护逐渐成为人们关注的焦点，酒店行业虽然对环境的影响不十分引人注目，但实际上也面临着一系列的环境问题，包括能源问题、水资源问题、各种用品问题、废弃物处理问题，以及空气质量、噪声和化学物品带来的问题等。

随着消费者观念的转变和国家环保政策法令的日益完善，这些环境问题使酒店面临着严峻的挑战，但与此同时也给酒店带来了在市场竞争中处于优势的发展机遇。

由此，许多酒店已经开始加入创建绿色酒店的活动。三张环保卡片只是这些酒店中最为普遍的一种环保措施，目的在于引导客人进行绿色消费。通常情况下，读过这种卡片的客人一般都会配合，至少会了解这是一种关注环保的高尚行为，进而接受这种做法。

在酒店中，确实存在许多并非必需的一次性客用品，如指甲锉、润肤露、剃须刀等。有些客人需要这些用品，但不是每个客人都需要。酒店应兼顾客人的需要与环境保护，放入本例中的第一张卡片后，酒店只需在客房中心或工作间备有少量用品就可以满足客人的特殊需要，而不再需要每间客房都配备。

本例中的第二、第三张关于洗涤布草的卡片，则通过鼓励住宿超过一天的客人重复使用自己用过的不必洗涤的布草，以保护环境。这种做法的关键是征得客人同意，使之成为酒店客人的一种自觉的高尚的行为。酒店在进行环保行动的同时，也使客人因参与环保而感到满足。

知识延伸

餐厅、客房送洗布草统计表样式

餐厅送洗布草统计表

日期： 服务员：

餐厅：

名称	数量
台心布	
台底布	
口布	
服务专用巾	
方台布	
清洁毛巾	
擦杯布	
台裙	
椅套	
……	

领班： 编号：

楼层送洗布草统计表

日期： 卫生员：

楼层：

名称	数量
大床单	
小床单	
白棉枕套	
白棉大被套	
白棉小被套	
浴巾	
脚巾	
面巾	
方巾	
……	

领班： 编号：

课后练习

一、判断题

1. 客房和餐厅的布草为节约成本，应该放在一起洗涤。（ ）
2. 只要同是餐厅的布草都可以放在一起洗涤。（ ）
3. 卫生间的布草不熨烫，但必须完全烘干。（ ）

4. 清洗布草前应该先检查是否有夹杂遗留品。(　　)

5. 白色台布、餐巾必须使用碱水、漂白粉洗涤，然后上浆风干、烫干，使之有挺括感。(　　)

6. 洗衣机能放多少布草就放多少布草一起洗涤，不要浪费空间。(　　)

二、填空题

1. 一般餐厅布草的换洗都是同时进行的，就是以“________”，即当餐厅交来脏布草时，布草房从贮存房里，把干净的同等布草取出交回。

2. 发现有________、________或________的布草要重新熨干烘干。

3. 洗涤脱水并检查后，床单、枕套经________处理；毛巾经________处理。

4. 床单的洗涤要在甩至________成干后直接送入整熨机整熨，其效果较之烘干再熨要好。

典型任务四　管理洗衣房

学习目标

1. 了解洗衣房的日常管理制度。
2. 掌握突发事件处理程序。
3. 掌握客衣纠纷的预防与处理。

预备知识

洗衣房在酒店中的地位极其重要，它是酒店的后勤部门，负责酒店所有布草、员工制服及酒店住店客人衣物的洗涤、熨烫等工作，如果出现管理不当、洗涤不当等都很容易影响一线对客部门的正常运作，所以相关人员应对它的管理予以极大的重视。

活动1 学习洗衣房日常管理制度

情境导入

学习洗衣房管理制度

场景：洗衣房

角色：客房服务员小陈、洗衣房詹领班

情境：

詹领班："小陈，这些是洗衣房日常管理制度，你先熟悉一下，可以让你从整体上了解洗衣房，全面掌握洗衣房的整体运作和一些管理方面的注意事项，尤其是安全方面的知识。后面会安排实操性的考核，所以你有不明白的地方就积极询问，希望你能做好准备。"

小陈："领班工作这么繁忙还亲自教我知识，真的非常感谢，我会努力学习的。"

任务：以实习生小陈的身份，了解洗衣房的日常管理制度。

一、清洁卫生和设备维护保养制度

（1）每日上岗前做好机器的清洁保养工作；

（2）每个员工都要养成工作结束物品及时归位的习惯，做到使用后物品归位，布草、客衣、工衣按要求放置；

（3）工作结束，要养成机器的清洁和保养习惯，并同时做好交接班工作；

（4）定时、定点放药，消灭"四害"。

二、产品的质量控制要求

（1）建立自己检查，主管、领班抽查的质量管理制度。

（2）不定期地组织员工开展工作研讨会。

（3）制定洗烫质量控制标准：

1）洗涤后布草整洁，有清香味；

2）无异味、脱色、串色现象；

3）无变形、缩水、脱线现象；

4）无熨烫的双重折痕和不平整现象；

5）无杂物、灰尘污染；

6）无湿润感和不规则烫痕。

三、洗衣房突发事件的处理规范

1. 紧急停电的处理

（1）有事先通知的停电，预先做好应急准备。

（2）紧急停电时，及时通知工程部弄清停电的真实情况。

（3）如是洗衣房内部线路故障导致停电，立即协助工程部做好电力的恢复工作，以保证各项工作的顺利进行；如是其他原因造成的停电，要及时了解停电的原因、时间、范围，做好协调工作。

（4）密切保持与其他各方面的联系，了解事态的发展，发现问题及时处理，直至电力恢复正常。

2. 火警发生的处理

（1）火警发生时，一定要冷静，并迅速弄清火势、燃烧物品等。

（2）确认火警的真实性，组织人员灭火。如火势较大，应立即拨打“119”报警。

（3）报告部门经理，听候其决定安排。

（4）如是工作时间发生火警，且火情较重，要做好工作人员的疏散工作，确保员工生命安全。

3. 员工伤亡的处理

（1）视情节严重程度，考虑是否要通知医务人员抵达现场进行救护。

（2）立即通知部门经理。

（3）组织人员封锁现场，协助救护工作。

练一练

情境模拟：如果洗衣房发生停水（停电），应如何处理？

人物分工：4～5个同学为一组，分别扮演洗衣房领班，工程部、房务部、餐饮部、外洗店工作人员。

模拟要求：

1. 以真实对话的形式，演示处理过程。
2. 轮流更换角色，每个同学都要练一练。
3. 处理过程要清楚，语言表达要清晰。
4. 把演示过程拍摄下来并提交，在课堂上分享，相互学习，互补长短。

点评： 1. 联系工程部，了解停水（电）原因和恢复供水（电）时间。2. 向部门汇报停水（电）原因及供水时间。3. 若停水（电）时间短，则调整工作时间，并做好加班的准备。4. 若停水（电）时间太长，及时联系洗衣厂，送出外洗。

知识延伸

酒店洗衣房管理注意事项

一、健全规章制度并落实执行

酒店如果存在制度不完善及人力资源配备不齐全等情况，就会造成岗位不明、管理混乱、职责不清，引发高投诉，影响酒店声誉。

二、要配备专业管理或技术人员

个别酒店的洗衣房没有配备专业管理人员或技术人员，管理者都不懂客衣分类和洗涤要求等，全靠员工凭经验干活，容易造成布草大批破损报废和客衣投诉与赔偿。

三、做好洗衣房员工的培训工作，避免资源浪费

大多数酒店没有对洗衣房员工进行全面系统的技术培训，而是依靠供料方协助培训，但供料方一般只针对自己的材料进行培训，员工缺乏客衣鉴别和洗涤知识。而客衣面料款式不断变化创新，如果员工不具备客衣识别到洗涤的全面技术知识，客衣服务就很容易引发投诉。而且，没有专业的培训，洗涤不按规范，也必然会造成能源、洗涤剂、水资源等方面的浪费。

四、重点加强污渍去除技术提升

布草的污渍是相对比较多的，尤其是餐饮布草，所以洗衣房必须具备区分污渍的能力，提升科学合理的去渍技术。如果不具备这种能力和技术，那么也就无从分辨污渍的种类，更加无法去除污渍了，甚至会对布草造成不可逆的损伤，最终导致很多布草因污渍难除而积压或报损，造成成本大幅上升。

五、全员落实工衣收发管理

工衣收发管理容易出现丢失或发错，主要是因为个人特权管理层的随意领取，或者是普通员工工衣未做统一编号，所以要制定收发管理制度，做好检查与登记，并落实从上到下全员执行。

六、加强洗衣房日常管理的全面监督

单纯依靠员工自觉执行制度是很容易出现管理漏洞，造成酒店损失的，所以制度要完善，监督要全面，否则就有可能出现：

（1）偷工减料、省略步骤，使布草洗涤后达不到应有的质量效果。

（2）超量填装、超负荷运行，使设备超负荷运转，增加设备维修率和人力物力的投入。

（3）超时洗涤、超时烘干，浪费能源的同时也加大了布草的磨损，酒店的布草大部分都不是用旧报废，而是经反复洗涤及洗涤不当而报废的。

（4）客衣漏检、出现失误，引发高投诉。

活动 2　掌握客衣纠纷的预防和处理方法

情境导入

客人投诉处理考核日

场景：洗衣房

角色：客房服务员小陈、洗衣房詹领班

情境：

詹领班："小陈，这段时间在洗衣房的轮岗表现非常出色，洗衣房的几个主要功能区的工作流程，你都已经学习和了解了，今天我要考核一下你对客人投诉的处理能力。这里是一些相关资料，你先熟悉，然后再接受考核。"

小陈："好的。"

任务：以实习生小陈的身份，掌握客衣纠纷的预防与处理方法，做好考核准备。

一、客衣纠纷的预防

对客人衣物的洗涤要求做到干净、整洁、准确、及时、不丢失、无损坏，否则，将可能引发客衣纠纷。为了预防客衣纠纷的发生，洗衣房管理人员应从以下几方面入手，加强对客衣流通及洗涤各环节的管理：

（1）收取客衣时，认真细致地检查客人待洗衣物，发现可能洗不净的严重污迹、衣服破旧可能洗坏、口袋内有物品等时先告知客人。

（2）分类处理。打号时要将客衣按干洗、水洗、熨烫和手洗等几种类型进行分类、登记，同时要严格检查，需要去扣、装袋洗涤、先去油污、机洗、手洗的客衣应严格分开。

（3）客衣洗涤、熨烫要严格按照操作规程进行。对不同质料的衣服，采用不同的洗涤方法，选用不同的洗涤剂，确保一定的洗涤时间。这样既可保证洗净衣服，又可避免损坏衣物。

（4）将洗好的衣物按不同的楼层、客房进行分拣。

（5）工作细致，质量检查、分号装袋不发生差错。

（6）为了防止丢失衣物或出现其他差错，明确洗涤责任，客衣在流通过程中要做好交接记录，检查客衣的数量与质量。

（7）客衣在洗涤速度上可分为快洗和普通洗涤两种类型，无论是哪种类型，都要求洗衣房按时洗涤完毕，及时送还客人。

二、客衣纠纷的处理

当客人提出投诉，发生客衣纠纷时，洗衣房主管首先要认真听取客人意见，态度要诚恳、耐心，接着迅速分析和查明具体原因，以便有针对性地处理。容易引起客衣纠纷的原因主要有：客衣丢失、衣物破损、污迹未洗净、纽扣丢失、客衣染色褪色等。

对于客衣纠纷，要在查清原因、掌握事实的基础上区别不同情况进行处理。凡属客衣洗涤过程中由于酒店方面的原因引起的客衣丢失、洗坏、染色及熨烫质量差等客衣纠纷，应主动承担责任，该赔偿的赔偿，该修补的修补，该回收的回收，该回烫的回烫。若需赔偿，按照国际惯例，赔偿费最高不超过洗衣费的10倍，具体数额双方根据具体情况协商解决。凡属客人或客人衣物本身原因引起的洗坏、口袋物品丢失、污迹洗不掉等客衣纠纷，酒店不负赔偿责任，但应耐心解释。整个客衣纠纷处理过程中要做到友好协商，事实清楚，原因明确，处理得当，最大限度地使客人满意。

练一练

情境模拟：请你以实习生小陈的身份，帮助处理快洗投诉。

快洗投诉

詹小姐是嘉怡五星级酒店的VIP客户，早上7:30她致电前台要求快洗一件礼服，客衣回收员8:00前把衣服送到了洗衣房。11:00詹小姐急电到前台投诉衣服怎么还没送回来，她12:30有个重要活动需要穿着该礼服。实习生小陈接到前台的反馈，非常紧张，不知道该如何答复。

点评： 1. 认真听取客人投诉及要求，态度要诚恳、耐心；2. 马上了解引起投诉的原因；3. 迅速分析提出解决方案；4. 与客人协商，尽快帮助客人解决困难。

知识延伸

清洁剂在洗衣房中的作用

众所周知，清洁剂在洗衣行业这样一个复杂的系统产业里有着举足轻重的地位，它的质量好坏直接影响很多方面，包括洗涤效果、布草使用寿命、环境污染、能源控制等。随着市场的发展与进步，对洗衣行业的要求越来越高，清洁剂的重要性也越来越突出，对清洁剂的要求也越来越高。具体体现在以下几个方面：

一、清洁剂对洗涤效果的控制

所谓洗涤效果不是简单地指布草洗净率，而是一个综合效果的体现。洗涤效果不仅包括洗涤中最基本的除污垢、除污渍，而且包括布草的洁白度、亮度、柔软度等一系列指标。要达到这些指标，就需要高质量的清洁剂以及科学的洗涤程序来保证。影响洗涤效果的因素有很多，客观因素中水质对洗涤的影响最大，水的硬度、水中的含铁量、水中的非活性碱含量、总溶解固体含量（TDS）等都会对洗涤效果产生影响。要消除这些影响，就需要清洁剂有更多水处理功能来控制洗涤效果。另外，清洁剂除了活性碱和表面活性剂等主要成分外，其他辅助性原料的好坏也决定了对布草洗涤效果的控制能力，它体现在清洁剂对污垢的分解能力、悬浮能力、抗再沉淀能力、渗透能力等方面。所以，只有高质量的清洁剂才能符合市场越来越严格的需求。

二、清洁剂对洗衣业绿色环保的贡献

目前在国内洗衣行业讨论的环保主要是指清洁剂的含磷（P_2O_5）指标，P_2O_5 小于1.10%时，该清洁剂才被认定为无磷清洁剂，无磷产品现被公认为环保产品。但仅做到这点还不够，因为在国际上发达国家早在环保洗涤产品方面积累了不少有价值的经验，不仅考核清洁剂的含磷指标，而且更要考核清洁剂对能源消耗的影响，要求清洁剂在使用时，用最少的时间、最低的温度、最少的水，洗出最好的效果。同时在清洁剂的包装方面也要求使用不污染环境、能再生利用的包装材料，例如纸桶、纸袋包装。这样才能帮助洗衣行业满足整个社会对它的环保要求，真正做到绿色环保，与国际先进水平接轨。

三、清洁剂对布草使用寿命的影响

长期以来，洗衣行业一直存在着布草过早破损，不能达到布草应有的使用寿命的问题，这虽然是很多原因造成的，但清洁剂使用或选用不当是主要原因。这里使用不当不是指投错料，而是指员工在不了解水质、污垢等洗涤因素发生变化的情况下，继续使用原有洗涤程序和用量造成对布草的损伤。水中的含铁量在小于0.1ppm时，对布草的洗涤效果不会造成影响，而在含铁量超过0.3ppm时，不仅会对布草洗涤效果造成很大影响，使布草发黄、发灰，而且会对布草的纤维强度造成很大的破坏，尤其是在使用氯漂的时候造成的破坏更加严重。要避免由于洗涤因素变化而造成的布草损伤，就需要有专业的清洁剂供应商提供及时的专业服务，包括定期使用专业的测试工具测试水质，洗涤时的碱、氯浓度等一系列指标，测试布草上的pH值、残留铁等。只有这样才能在第一时间发现问题，并及时解决问题，使布草由于洗涤因素的变化而造成的洗涤效果和使用寿命的下降给洗衣房带来的损失降到最小。

课后练习

一、判断题

1. 每日上岗前做好机器的清洁保养工作。（　　）

2. 火警发生时，一定要冷静，并迅速弄清火势、燃烧物品等。（　　）

3. 工作时间发生火警，且火情较重，要做好工作人员的疏散工作，确保员工生命安全。（　　）

二、填空题

1. 每个员工要养成工作结束，物品________的习惯，做到使用后物品归位，布草、客衣、工衣按要求放置。

2. 工作结束，要养成机器的清洁和保养习惯，并同时做好________工作。

3. 发生火警时，要确认火警的真实性，组织人员灭火。如火势较大，应立即拨打"________"报警。

三、不定项选择题

1. 下列属于洗烫质量控制标准的有(　　)。

A. 无异味、脱色、串色现象

B. 无变形、缩水、脱线现象

C. 无熨烫的双重折痕和不平整现象

D. 无杂物、灰尘污染

2. 处理员工伤亡的正确方法有(　　)。

A. 视情节严重程度，考虑是否要通知医务人员抵达现场进行救护

B. 立即通知部门经理

C. 由员工自行负责

D. 组织人员封锁现场，协助救护工作